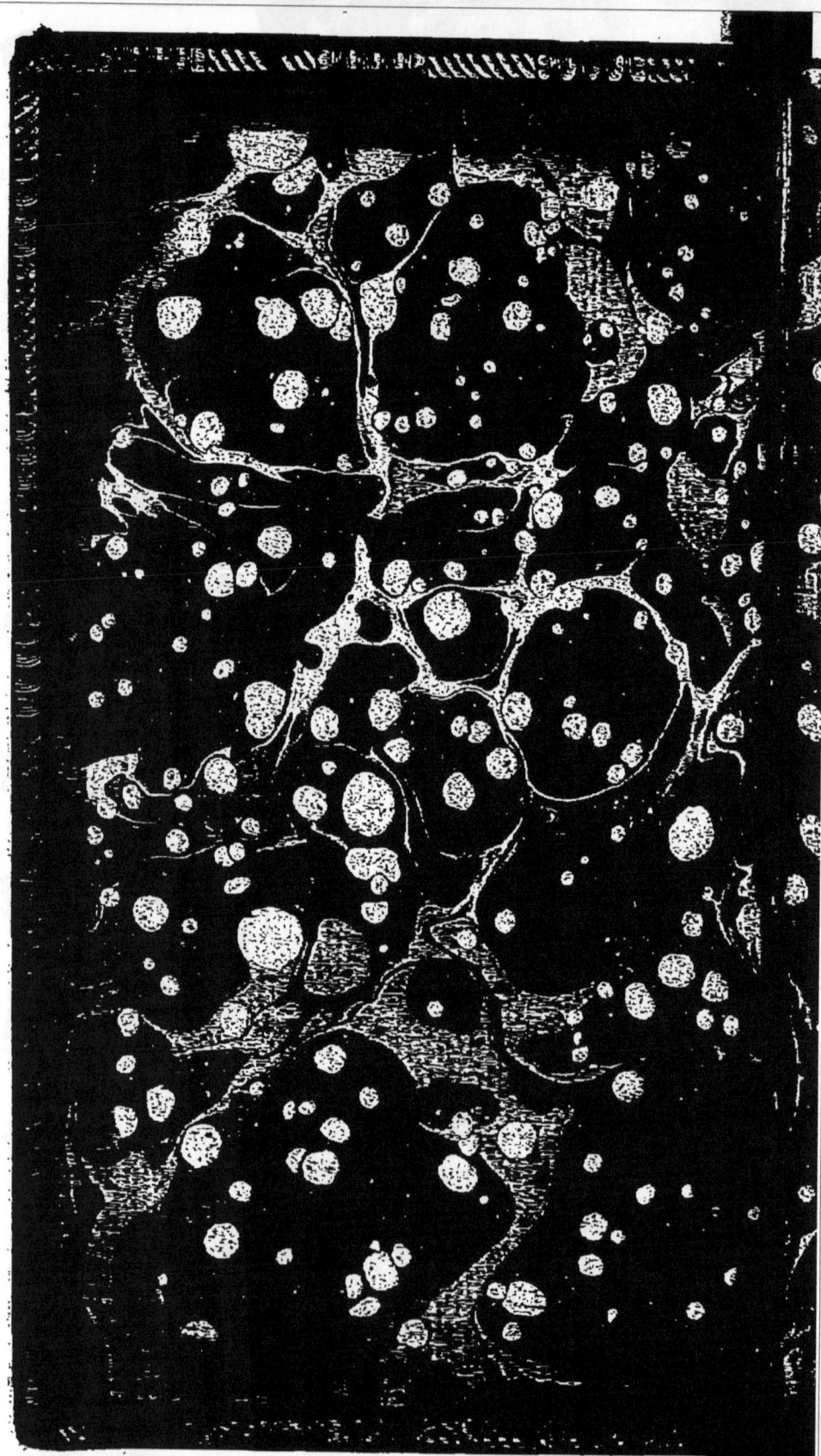

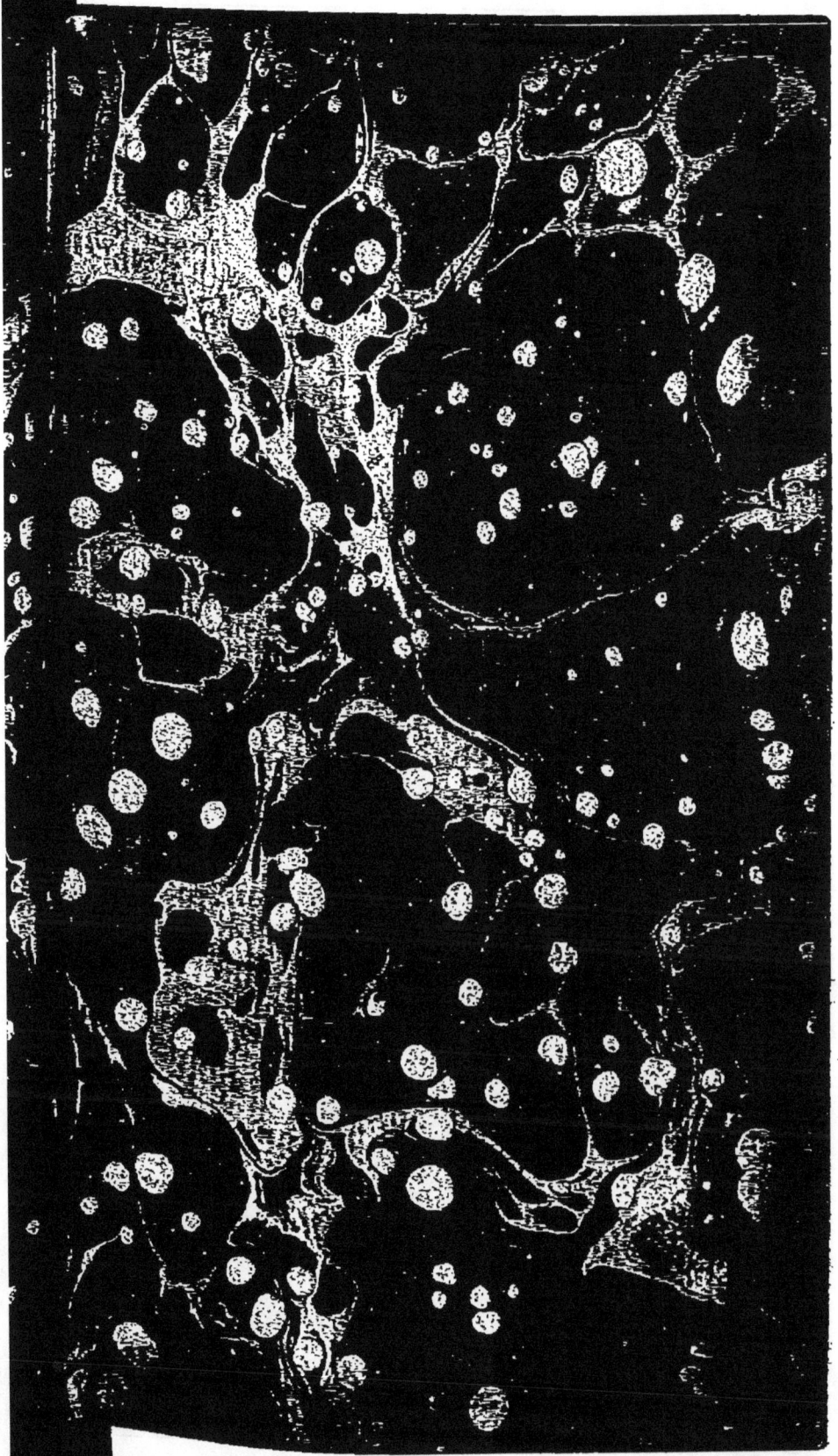

R 1709.
21.

18044-45

COURS DE MORALE

A L'USAGE

DES JEUNES DEMOISELLES.

On vend chez le même Libraire.

MÉTHODE PROMPTE ET FACILE pour apprendre, en même temps, à lire, à écrire, à suivre l'Orthographe et à bien prononcer, par *Choron*. Un vol. *in-12*, avec deux cahiers réglés. Prix, 2 fr. 50 c. pour Paris, et 3 fr. 60 cent. franc de port.

TABLEAU DE PRONONCIATION FRANÇOISE, par le même ; *in-fol.* 2 fr. 50 c. On ne l'envoie pas par la Poste.

COURS DE MORALE

A L'USAGE

DES JEUNES DEMOISELLES.

PAR FRANÇOIS DE SALES AMALRIC.

Ce sont les bonnes mœurs et non les riches atours qui parent les femmes.
MÉNANDRE.

TOME PREMIER.

A PARIS,

CHEZ BERNARD, Libraire de l'Ecole Polytechnique et de l'Ecole des Ponts et Chaussées, quai des Augustins, n°. 31.

AN XI. — M. DCCCIII.

AU CITOYEN CHAPTAL,
MINISTRE DE L'INTÉRIEUR.

Citoyen ministre,

J'ai vu les soins que vous donnez à l'éducation de vos enfans, le zèle que vous mettez au rétablissement de l'instruction publique; et je vous ai prié d'agréer l'hommage de ces Discours. Publiés sous vos auspices, ils seront accueillis avec faveur. Puissent-ils obtenir autant de succès que votre nom leur méritera de confiance !

Salut et Respect.

AMALRIC.

Paris, 28 Vendémiaire an XI.

PRÉFACE DE L'ÉDITEUR.

Les mères et les institutrices, pénétrées de la nécessité de graver dans le cœur de la jeunesse les principes de la morale et de la religion, demandoient un ouvrage méthodique dans lequel les préceptes de la sagesse fussent présentés à leurs enfans avec intérêt, clarté, et précision.

Les livres élémentaires sur les lettres et les sciences nous environnent; mais un cours de morale complet pour les demoiselles manquoit à nos familles et à nos institutions.

La plupart des livres moraux ne sont pas à la portée des jeunes personnes; ils renferment souvent des lumières étrangères à l'enfance; ils n'appliquent pas aux fonctions des femmes les principes généraux de la morale; quelquefois ils effraient la jeunesse par un nombre de volumes trop considérable.

On désiroit une instruction méthodique et lumineuse, qui offrît aux jeunes demoiselles la chaîne de leurs devoirs envers Dieu, envers leurs parens, envers elles-mêmes, envers leurs semblables.

Ces réflexions m'ont déterminé à offrir au Public cette espèce de petit code moral de la jeunesse; ce tribut portatif d'un homme de lettres estimable, et connu par ses succès dans l'art oratoire; il contient les préceptes touchans de Fénélon, les principes immortels des sages de tous les siècles qui ont honoré l'humanité par leurs actions, et qui ont parlé de la vertu avec l'éloquence du sentiment et de la raison. J'ignore l'accueil que ce manuel de morale obtiendra; mais j'ose assurer que les bons parens diront du moins en le lisant: Puisse mon enfant pratiquer ces vertus, et avoir à son tour des enfans qui lui ressemblent !

La forme des discours adoptée par l'Auteur est commode pour l'instruction publique. On peut les lire dans une réunion de plusieurs élèves. L'onction dont une lecture est accompagnée rend la morale plus touchante. L'art de bien dire ajoute un grand intérêt à l'art de présenter la vérité.

INTRODUCTION.

Long-temps avant la révolution, les bons esprits se plaignoient de l'éducation qu'on donnoit aux femmes, et s'élevoient contre l'insouciance ou le préjugé qui bornoit leur instruction à des études frivoles. La danse, la musique, la parure, disoient-ils, voilà, pour l'ordinaire, toute la science qu'on enseigne à de jeunes personnes qui gouverneront un jour des familles.

Si les écrivains dont nous parlons existoient encore, auroient-ils moins à se plaindre de cet abus? Plus que jamais on occupe aujourd'hui les filles de modes et d'ajustemens; on leur parle d'amusemens, de spectacles, de bals; on leur donne des leçons de cette coquetterie qui est si fatale aux bonnes mœurs; on les dispose au dangereux empire qu'elles doivent exercer un jour sur les hommes: plus que jamais on leur suggère les moyens d'irriter ces passions funestes qui détruisent le bonheur domestique, et troublent l'ordre social.

Sans doute les talens agréables ne sont point à dédaigner au milieu d'une nation aimable, et nous sommes loin de condamner les institutions ni les familles où l'on a soin de les cultiver ; mais borner, comme on le fait, l'éducation des jeunes personnes à ce qui peut donner des graces au corps, des agrémens à l'esprit, et négliger ce qui forme l'ame, n'est-ce pas vouloir en faire des idoles destinées à se nourrir d'un vain encens, et les laisser dans une ignorance totale des devoirs, sans l'accomplissement desquels il n'existe point de bonheur pour elles ?

Il ne faut pas s'étonner, dit un auteur, si des femmes vouées aux futilités n'ont souvent aucune des qualités nécessaires pour contribuer à la félicité des autres, ni pour se rendre elles-mêmes solidement heureuses ; il ne faut pas être surpris de les voir si souvent tomber dans les piéges que leur tend la flatterie, et de les trouver incapables de fixer, par les qualités de l'ame, l'honnête homme que leurs charmes ont séduit pour quelques instans. Une fille à qui son éducation ne montre rien de plus important que l'art de séduire, ne tarde pas à mettre ces leçons en pratique, dès qu'elle en a la liberté. De là les imprudences et les déréglemens qui mettent le trouble et la discorde entre les époux; de là ce désœuvrement des femmes dont la fatigue les pousse vers des amusemens ruineux, et des plaisirs coupables; de là ce vide dans la tête qui, lorsque leurs charmes sont flétris, les rend inutiles, chagrines, incommodes par-tout, et les oblige à chercher dans l'esprit de parti, dans les intrigues, dans les tracasseries, dans une sombre dévotion, des remèdes contre l'ennui dont elles sont dévorées.

Ce qu'il importeroit donc à la société, aux familles, aux hommes, et sur-tout aux femmes, seroit de cultiver dans ce sexe si intéressant, un cœur que la nature a rendu susceptible de tous les sentimens louables, de leur apprendre la grande science des mœurs. Cette science leur est d'autant plus nécessaire, que tout ce qui les entoure réunit plus d'efforts pour les égarer, et qu'il est impossible que, sans avoir fait une étude pratique de la vertu, elles résistent aux continuelles attaques du vice.

Mais où enseigne-t-on la morale aux jeunes personnes ? Où leur fait-on connoître les devoirs qui les lient à la patrie ? De quoi sont capables ces gouvernantes à qui l'on ne craint pas de confier la plus belle espérance de la nation ? Peut-être un jour les chefs des Etats s'occuperont-ils de cette moitié du genre humain qui a une si grande influence sur le sort de l'autre, et sentiront-ils que prodiguer tout à l'instruction des hommes, et ne rien accorder à l'éducation des femmes, est une injustice dont les deux sexes se ressentent également. En attendant cet heureux jour, que les écrivains, amis des mœurs, rappellent sans cesse à leurs lecteurs cette maxime d'un Chinois, que négliger l'éducation des filles, c'est préparer la honte de sa propre famille, et le malheur des maisons dans lesquelles elles doivent entrer ; qu'ils saisissent toutes les occasions de recommander la sagesse aux jeunes personnes, comme l'unique moyen de parvenir au bonheur auquel elles sont appelées ; et que chaque institutrice se persuade bien que leur enseigner les principes inaltérables de la morale est une de ses plus étroites obligations. Rétablissons, s'écrioit naguère un ami de la vertu, rétablissons les mœurs publiques par les mœurs domestiques, et nos vierges seront encore plus renommées par leur sagesse, que par leurs graces et leur beauté. C'est à des idées aussi justes que ces foibles essais doivent le jour.

Après les orages révolutionnaires, une demoiselle dévouée à l'instruction de la jeunesse établit à Paris une Maison d'institution. Une dame qui prenoit le plus vif intérêt à cette Maison, sentant combien il étoit essentiel que la morale y formât la base des instructions diverses, désira que nous voulussions bien adresser aux élèves quelques discours convenables à leur âge et analogues à leurs besoins. Nous pouvions donner à notre respectable amie une nouvelle preuve de notre dévoûment, et concourir au succès d'une institution dont tout annonçoit l'importance; nous n'hésitâmes point. Le jour où devoit s'ouvrir le cours de morale fut fixé; l'assemblée qui s'y rendit fut très-nombreuse; tous les parens des pensionnaires voulurent y assister. Flattées de la solemnité qu'on donnoit à des leçons évidemment dirigées vers leur bonheur, elles écoutèrent la première avec autant d'attention que de silence; et nous devons ajouter que toutes celles que nous leur fîmes ensuite furent accueillies avec le même intérêt.

Nous pensâmes que des analyses de nos discours, rédigées par les jeunes personnes auxquelles ils étoient adressés, et où chacune d'elles indiqueroit l'application qu'elle s'étoit faite des vérités annoncées, contribueroient à les graver dans leur souvenir. Le lendemain du jour où nous avions fait à nos élèves une instruction nouvelle, elles en écrivoient l'extrait, et bientôt, en présence de l'institutrice, des maîtresses, et des familles, elles venoient le lire à haute voix.

Que résultoit-il du travail, de la lecture, et de la publicité dont nous parlons ? que les élèves étoient obligées d'écouter attentivement les discours dont elles avoient à présenter l'analyse ; qu'elles s'exerçoient à écrire leurs pensées, leurs sentimens, leurs résolutions ; qu'elles s'accoutumoient à parler avec netteté, avec intelligence, avec grace ; qu'il s'établissoit entre elles une émulation favorable à leurs progrès : car après qu'elles avoient lu ces espèces d'analyses, on jugeoit publiquement non seulement leurs écrits, mais la lecture qu'elles en avoient faite, et nous insistions sur le fruit qu'elles avoient dû tirer de nos entretiens.

Quoique nous eussions recueilli ces entretiens fort à la hâte, et sans la moindre intention de les publier jamais, d'après l'invitation de beaucoup de mères, et de plusieurs institutrices, nous les avons livrés à l'impression : puisse le succès qu'elles s'en promettent répondre à leurs intentions maternelles !

« Les discours du moraliste, dit Sénéque, sont moins du ressort de l'esprit que du ressort de l'ame; ils doivent être simples et sans apprêts ». Avant lui, Isocrate avoit dit : « Dans les discours de morale, il ne faut pas chercher des choses neuves, puisque ces sujets ne nous offrent que des vérités simples et communes, puisées dans les actions ordinaires de la vie. Le mérite de ces ouvrages est de rassembler, autant qu'il est possible, les maximes éparses chez tous les hommes, et de les présenter d'une manière intéressante ». Duclos pensoit « Qu'il est inutile de s'attacher à démontrer des vérités admises; qu'il suffit d'en recommander la pratique; et qu'en voulant trop éclairer les hommes, on ne leur inspire qu'une dangereuse présomption ». Enfin Saint-Lambert observe « Que les redites sont indispensables dans un ouvrage où il faut souvent rappeler les mêmes principes, et employer les mêmes moyens pour produire des effets différens ».

En parlant aux jeunes personnes, et n'omettant aucune des obligations qui leur sont imposées, nous nous souvenions de ces préceptes judicieux. Dans le choix des morceaux que nous croyions devoir mêler à nos discours, nous consultions les règles prescrites; mais on nous écoutoit; on va nous lire; pourrions-nous prétendre au même intérêt? La docilité qui profite des vérités qu'on lui annonce, est le seul but où nous aspirions; et nous regarderons nos efforts comme très-heureux, s'ils ne sont pas entièrement inutiles.

COURS DE MORALE

A L'USAGE

DES JEUNES DEMOISELLES.

―――

DISCOURS

SUR LA NÉCESSITÉ DES INSTRUCTIONS MORALES POUR LES JEUNES PERSONNES.

> A force de lire les moralistes, on prend du goût pour la vertu.
>
> *Mad. de* LAMBERT.

DANS la maison où la tendresse éclairée de vos parens vient de vous placer, jeunes Élèves, de savans professeurs, des maîtresses habiles, s'attachent à cultiver en vous des talens, et nous voyons avec une satisfaction bien douce que déjà vos succès répondent à leurs efforts. Mais où vous conduiroit le goût des sciences agréables, si l'on négligeoit de vous inspirer l'amour des solides vertus ? La dissipation, la frivolité, de vaines prétentions, seroient le triste résultat d'une éducation aussi défectueuse ; et si quelques agrémens prenoient en vous la place des qualités essentielles, ils n'en seroient que plus dangereux.

Un malheur pareil n'étoit point à craindre sous une institutrice à qui l'expérience a prouvé qu'on ne peut vous conduire au bonheur qu'en vous formant à la sagesse, et qui est bien convaincue qu'on ne se montre vraiment aimable, que lorsqu'on sait se faire estimer. Tandis que la grammaire vous enseigne les règles du langage ; la géographie, la description de la terre; l'histoire, les évènemens de l'univers ; elle a voulu que la morale vous apprît à être élèves dociles, filles modestes, femmes vertueuses, et que vous fussiez un jour l'exemple de la société, la gloire de votre sexe, les délices de vos parens.

Cette éducation doit être, et est effectivement pour votre amie, l'ouvrage de tous les jours. Tous les jours, avec autant de bonté que de raison, elle vous représente vos fautes, vous avertit de vos défauts, vous indique les moyens de corriger les uns, de prévenir les autres; et, comme ces oiseaux qui, par un admirable instinct, éloignent constamment de leurs petits tout ce qui pourroit nuire à leur conservation, elle vous cache, pour ainsi dire, dans son sein, dès que le moindre péril menace ou votre vie ou votre innocence.

Une autre eût pu se contenter de ces soins. Dans aucune des maisons d'institution établies en ce moment, on ne trouve des instructions aussi solides; l'étude de la morale se réduit par-tout aux avertissemens plus ou moins utiles des maîtresses à qui les familles ont confié le plus important des emplois.

Mais ce qui suffit à la plupart des institutions, ce que beaucoup d'écoles n'offrent pas même, ne pouvoit borner le zèle de votre institutrice, dans le cours élémentaire qu'elle ouvrit à votre émulation. Au milieu des entretiens pleins de confiance, dont vous êtes si souvent le sujet, une amie lui a fait sentir qu'il manquoit un *cours de morale* à cet établissement; dès l'instant, elle s'est empressée d'attacher à cet établissement un cours de morale; et c'est ainsi qu'elle se ménage de nouvelles jouissances en vous préparant de nouveaux succès.

Invité par elle à remplir auprès de vous un devoir bien touchant, j'aurois eu sans doute plus d'un motif d'excuse à lui alléguer, si je n'avois consulté que la difficulté de l'entreprise. Je n'ai pas plutôt entrevu le fruit que vous

DE MORALE. 5

pouviez en tirer, que j'ai consenti à parcourir cette difficile carrière ; et je me suis tellement occupé des grands intérêts de votre vie, que j'ai presque oublié l'extrême foiblesse de mes moyens.

Enfin, grace à la tendre amitié qui veille sans cesse sur votre destinée, un projet qui vous assure tant d'avantages va recevoir son exécution. A des jours fixés chaque mois, nous vous réunirons pour conférer avec vous sur vos devoirs ; heureux, si nous trouvons dans les dispositions que vous apporterez à ces utiles exercices, l'encouragement qui nous est nécessaire pour vous conduire à des progrès satisfaisans. Ainsi, combien les instructions morales sont nécessaires à votre éducation ; quelles dispositions vous devez y apporter pour qu'elles vous soient utiles : tel sera le sujet de ce premier discours. Comme tous ceux que nous vous adresserons dans la suite, il sera clair, simple, analogue à vos besoins ; il respirera l'intention la plus pure, le zèle le plus ardent. Quelle douleur pour nous, si, tandis que nous vous parlerons avec tant d'intérêt, vous nous écoutiez avec indifférence !

Dieu de l'innocence, père des enfans ; toi qui n'as peuplé l'univers de créatures raisonnables que pour en faire des êtres vertueux ! mets ta sagesse dans mon cœur, ta parole dans ma bouche, et donne à la fonction que le zèle m'a confiée le succès que la confiance en attend ! Tu vois réuni dans cette enceinte un troupeau charmant, l'espoir, la consolation, le bonheur des plus intéressantes familles ; ne permets pas qu'il en devienne jamais l'affliction. Je déclare devant toi que je veux le porter à ne croire que ce qui est vrai, à ne faire que ce qui est bien. Sois le principe, la règle, et la fin des instructions que je lui prépare ; je te le demande au nom même de ton amour pour le genre humain.

1. Nous l'avons dit, et nous allons vous le rendre sensible, jeunes Elèves ; rien n'étoit plus nécessaire à votre éducation que des instructions morales. Pourquoi? parce qu'elles seules pouvoient éclairer votre esprit, former votre cœur, régler votre conduite ; malheur à celle de vous qui n'en profiteroit pas !

Aimer Dieu de tout notre esprit, de tout notre cœur, de toutes nos forces, préférablement à tout; lui rapporter nos pensées, nos désirs, nos projets, nos actions ; ne jamais murmurer des événemens et des malheurs inévitables de la vie, parce que nous n'en savons ni la cause, ni le but ; contempler l'immensité du ciel, et le spectacle de la terre, pour nous guérir de l'orgueil qui oublie, ou qui outrage leur sublime auteur; observer ses soins à l'égard du plus petit des êtres, afin de ne nous croire abandonnés dans aucun moment; considérer l'ordre et la magnificence de ses ouvrages comme des sujets continuels de reconnoissance et d'admiration; ainsi que les créatures vivantes et inanimées, obéir à ses lois augustes, et trouver notre bonheur dans cette juste obéissance: tels sont nos principaux devoirs envers le Maître de l'univers.

S'occuper des besoins, s'affliger des malheurs, se réjouir des avantages, se devouer aux intérêts de son prochain; regarder comme une offense de dire une seule parole, de conserver la moindre haine, de faire la plus petite démarche, d'approuver la plus légère médisance contre lui; prévenir ses égaremens, excuser ses foiblesses, souffrir ses défauts, couvrir ses fautes, garder son secret; le porter à la modération par nos conseils, au travail par nos encouragemens, à la patience par nos soins, à la vertu par nos exemples, à la persévérance par notre fidélité; prendre sa défense contre le plaisant qui le raille, l'envieux qui le déprécie, le méchant qui le calomnie, l'injuste qui l'opprime, le lâche qui le trahit; consacrer notre fortune à le secourir, notre sagesse à l'éclairer, notre pouvoir à le défendre, notre crédit à le servir : tels sont nos principaux devoirs envers nos semblables.

Rectifier ses penchans, maîtriser ses passions, modérer ses désirs, épurer ses pensées, utiliser ses actions; user des biens du monde sans abus, obtenir les succès du talent sans vanité, fuir les divertissemens du siècle sans affectation, remplir les devoirs de la religion sans hypocrisie, défendre les intérêts de la vertu sans aigreur; travailler incessamment à atténuer en nous l'amour-propre qui nous domine, l'ambition qui nous dévore, la cupidité qui nous tyrannise, le respect humain qui nous arrête, l'égoïsme qui nous endurcit; se tenir continuellement en garde contre les attraits du vice, les espérances de la fortune, les dangers du monde, les douceurs de la louange, les séductions de l'exemple, les amorces du plaisir; respecter dans notre esprit le dépôt de la vérité, dans notre cœur le trésor de l'innocence, sur notre corps le voile de la pudeur : tels sont nos principaux devoirs envers nous-mêmes.

Ainsi nous avons des devoirs envers Dieu, envers nos semblables, envers nous. C'est de la connoissance de ces devoirs que notre bonheur dépend.

Dans l'ignorance profonde où vous êtes de ces devoirs, qui vous les eût fait connoître, jeunes Elèves, si on vous eût laissées sans instructions à cet égard ? Privées d'un secours aussi nécessaire, vous n'auriez agi qu'au hasard; vous eussiez confondu le bien et le mal; vous auriez pu nuire à vous et aux autres, même en croyant faire le bien; les avantages que la vertu procure vous fussent restés inconnus; les malheurs auxquels le vice expose, vous ne les auriez pas redoutés; et, faute d'avertissemens, de réflexions, d'encouragemens, vous eussiez manqué le bonheur que l'on trouve dans la sagesse.

Cependant, si, pour éclairer votre esprit sur vos devoirs, des instructions particulières vous étoient indispensables, elles vous étoient nécessaires encore pour former votre cœur. Une malheureuse expérience nous prouve chaque jour que, parmi les jeunes personnes, il en est qui, de bonne heure, ont contracté des défauts et des habitudes qu'il est essentiel de corriger. Les unes sont portées à l'oisiveté, les autres à la désobéissance; celles-ci à la jalousie, celles-là à la fausseté. On feroit une longue énumération des penchans dangereux qui ternissent l'innocence de votre âge, et qu'il est d'autant plus nécessaire de réprimer, qu'ils peuvent conduire à des fautes irréparables.

Comment réprimerez-vous ces penchans, si vous ne les connoissez pas? Comment les connoîtrez-vous, si on ne vous les indique? Comment vous les indiquera-t-on, si, dans des instructions familières, on ne descend, pour ainsi dire, avec vous-mêmes dans votre cœur? Quelle éducation que celle qui ne vous destineroit qu'à plaire, ne vous donneroit des leçons que pour les agrémens, fortifieroit votre vanité, vous livreroit au monde, à la mollesse, aux fausses opinions, et vous laisseroit sans force et sans vertu au milieu des périls et des malheurs de la vie! Parler agréablement un langage correct, exécuter avec grâce une danse légère, parcourir d'une main habile un instrument sonore, dessiner avec goût un paysage charmant; tous ces talens font partie d'une éducation soignée, et donnent à une jeune personne des avantages que la raison la plus sévère ne laisse pas que d'apprécier.

Mais c'est là l'écorce de l'éducation qu'on doit à la jeunesse, ce n'en est pas le fond; c'est une guirlande de fleurs, un nœud de rubans, un chapeau de roses, qu'on met le matin et qu'on quitte le soir. Toute cette parure n'est que pour les yeux étrangers. Les yeux qui sont accoutumés à nous voir n'y font pas même attention. Elle ne nous obtient pas le plus petit degré de considération, pas la plus légère marque d'estime; au contraire elle ne fait que mieux sentir à ceux qui nous connoissent nos imperfections et nos défauts. Quel dommage, se dit-on tout bas, qu'un extérieur aussi agréable s'allie, dans cette jeune personne, à un caractère aussi difficile ;

qu'on trouve tant de talens aimables où il y a si peu de mérite réel ! Si, en cherchant à se donner des agrémens, elle eût pensé qu'il est encore plus essentiel d'acquérir des vertus, il seroit plus doux de la voir, moins pénible de vivre avec elle; et, en obtenant les fades éloges d'un monde qui ne la juge que sur ce qu'elle peut paroître, elle jouiroit de la tendresse touchante d'une famille qui ne peut l'apprécier que ce qu'elle vaut. Mais elle n'a pas connu ses défauts, elle s'est aveuglée sur ses fautes, elle n'a point songé à ses devoirs; elle a ignoré que les ornemens de l'esprit ne sont rien sans les qualités de l'ame; comment, au lieu d'être bonne et docile, n'auroit-elle pas de l'entêtement et de l'humeur? C'est notre cœur qu'il faut former avant tout. Tout ce qui peut altérer le trésor de notre innocence doit être regardé comme la source de nos chagrins; et l'éducation n'a de véritables succès que lorsqu'elle fait connoître et goûter ces vérités importantes.

Vous aviez besoin d'instructions morales pour éclairer votre esprit, former votre cœur; elles ne vous étoient pas moins nécessaires pour régler votre conduite; car il est bien rare que sans elles on ne s'égare point. Voyez-vous cette jeune personne qui s'élève pleine de grace et de modestie, acquérant de jour en jour cette beauté simple, cette douceur aimable qui fait le plaisir des yeux et le charme du cœur? Ne craignez pas qu'elle soit irrespectueuse envers ses parens, indocile avec ses institutrices, sans attention pour ses compagnes, sans exactitude pour ses devoirs. Pendant les heures de récréation, elle ne connoît que l'amusement; et quoique la décence l'accompagne jusque dans ses joies les plus vives, elle oublie alors ses études pour ne s'occuper que de ses jeux. Mais le moment marqué pour la reprise de travaux est-il arrivé? le silence, le recueillement, l'application, reprennent sur elle leur empire; et, toujours sous les yeux de celui qui lit jusqu'au fond des ames, sa conduite ne laisse presqu'aucun endroit de sa vie où l'on puisse la trouver en défaut.

Voyez à présent cette jeune personne qui, paresseuse, étourdie, obstinée dans toutes ses volontés, satisfait aussi peu ses parens que ses maîtres, et n'est pas plus attachée à ses compagnes qu'à ses devoirs. Point de sincérité dans ses discours, point d'aménité dans son caractère, point de prévenance dans son accueil; elle se conduit au gré de ses désirs, et ses désirs n'ont point de règle; les malheurs, qu'elle se prépare, effraient tout ce qui ne s'aveugle pas sur son sort. Voulez-vous savoir la cause de l'extrême différence qui existe entre ces deux jeunes personnes ? C'est que l'une a été instruite avec succès de la manière dont elle doit se conduire pour être heureuse ; et que l'autre, livrée à elle-même, n'a jamais senti combien notre conduite importe à notre bonheur ; c'est que, d'après tous les motifs que notre intérêt peut nous suggérer, la première a profité d'une éducation sage, et que la seconde a été insensible à la voix amie qui l'invitoit à ne pas rendre inutiles tous les soins qu'on lui prodiguoit.

II. Car il ne suffit pas de recevoir des instructions morales ; il faut encore y apporter des dispositions telles qu'on en retire tout le fruit qu'on en peut retirer ; et quelles sont ces dispositions ? Je les réduis à une seule qui renferme toutes les autres : la volonté ferme d'en profiter. Si vous avez cette volonté, que rien ne supplée, vous écarterez d'abord de votre esprit, pendant le discours, toutes les pensées qui pourront vous distraire ; vous l'écouterez avec cette attention qui saisit toutes les vérités utiles à nos mœurs. Loin d'appliquer aux autres ce que vous ne devez appliquer qu'à vous-mêmes, vous serez attentives à votre portrait, au lieu de faire le portrait d'autrui; et moins sensibles au plaisir que donne l'instruction, que pénétrées du désir de la mettre en pratique, vous vous occuperez du soin de rapporter aux différentes circonstances de votre vie les conseils salutaires que nous aurons pu donner à votre docilité.

Ainsi, vous proposez-vous de régler vos mœurs sur nos conseils? nous écoutez-vous avec la résolution de devenir meilleures? voilà sur quoi vous aurez désormais à vous examiner. Si vous ne laissez échapper aucun trait de nos discours, sans vous efforcer d'en tirer quelques fruits pour votre conduite, j'augurerai favorablement de vos progrès; tout fait espérer que ces progrès deviendront plus grands à mesure que votre raison deviendra plus ferme; et vous marcherez avec d'autant plus de succès dans le chemin de la sagesse, que vous y serez conduites par la main de la vérité. Mais si vous ne recueillez des discours qu'on vous fait, dit un ancien, que les fleurs et les herbes odoriférantes, pour en former d'agréables bouquets; si vous n'imitez pas cette abeille utile qui, voltigeant sur les prairies émaillées, préfère le thym le plus amer pour en extraire ce qui doit entrer dans la composition de son miel, et chargée de ce butin précieux, s'envole dans sa ruche pour vaquer à son travail, vous ne retirerez aucun profit des leçons qu'on vous donne; et, sous ce rapport, vous ressemblerez à cette femme surannée qui, se contemplant dans son miroir pour composer son visage, ne voit pas les rides profondes dont la main du temps a chargé son front.

D'après ces principes, dont personne

ne conteste la vérité, voudrez-vous savoir un jour si vous avez profité des instructions morales qu'on vous aura faites ? Il faudra que chacune de celles qui sont sujettes à de pareils défauts puisse se dire : J'étois autrefois d'une paresse si grande, que la moindre apparence de travail me décourageoit. Au lieu de cette paresse qui m'a attiré tant et de si justes reproches de la part de de mes parens, puis-je me flatter d'être aujourd'hui plus appliquée, et ne m'arrive-t-il plus de négliger volontairement mes devoirs ?

J'étois sujette à cette humeur qui, pour la plus légère cause, me portoit à *bouder* pendant des journées entières, et me rendoit aussi insupportable aux autres qu'à moi ; suis-je d'un caractère plus égal ? N'a-t-on plus à m'accuser d'une sensibilité qui va souvent jusqu'aux larmes ? Peut-on me plaisanter, me corriger, me punir même, sans m'aigrir ?

On me reprochoit avec raison une vanité qui me faisoit désirer d'être seule l'objet de tous les éloges, et me persuadoit que mon esprit, mes talens, ma figure, avoient plus d'agrémens que ceux de mes sœurs; ai-je renoncé à ces prétentions absurdes, et ne voit-on plus dans l'air avec lequel je me présente combien je suis glorieuse du mérite que j'ai acquis?

Quoique je fusse persuadée que je n'avois aucune des bonnes qualités qui distinguent plusieurs de mes amies, j'étois désolée de leurs succès. Cette dévorante et honteuse envie est-elle sortie de mon cœur? Ne suis-je plus jalouse quand elles obtiennent des louanges que je n'ai pas méritées? Et commencé-je à sentir qu'il vaut mieux être modeste et bonne, que d'avoir de l'esprit et de l'orgueil?

On m'accusoit d'être *railleuse*, et de m'égayer sur les pauvres, les vieillards, les gens difformes, les femmes mal vêtues; comme si les travaux, les défauts, les ridicules mêmes, pouvoient nous autoriser à nous moquer de qui que ce soit; me suis-je corrigée de cette manie si propre à me faire détester? et si je me surprenois encore à rire de ce que je trouverois d'extraordinaire en autrui, n'en serai-je point affligée?

Enfin, l'on me disoit, et il étoit vrai, que je n'avois ni ordre, ni propreté, ni décence dans mes habillemens, et que je ne me doutois pas même des soins qu'ils exigent. Mon extérieur annonce-t-il plus de vigilance sur ce point essentiel? M'accoutumé-je à soigner mes vêtemens avec l'attention qu'inspire une éducation éclairée? Suis-je bien convaincue qu'un des premiers devoirs de mon sexe est la propreté?

Avant qu'un zélé moraliste eût écarté le voile qui me cachoit la véritable route, dit une femme estimable, je pensois qu'un peu de figure, beaucoup de parure, et des ajustemens recherchés, suffisoient pour plaire; mais les discours de ce sage m'ont appris que de pareils agrémens tout seuls plaisoient à quelques uns, étoient indifférens ou nuisoient aux yeux des autres; j'ai pris une autre route qui m'a mieux conduite au but où j'aspirois.

Une fierté mal entendue m'avoit persuadée qu'on devoit me prévenir dans toutes les circonstances; l'hommage de quelques personnes m'avoit confirmée dans cette vaine prétention. Le digne maître qui m'instruit m'a fait sentir tout ce que je perdois par ma faute, et l'envie de plaire m'a rendue si prévenante, qu'on ne se douteroit presque plus que j'eus de la fierté.

Un orgueil outré me rendoit d'un caractère difficile; je m'offensois de tout; le plus léger badinage me blessoit; je croyois toujours qu'on avoit dessein de m'outrager. Cet homme éclairé m'a fait appercevoir qu'on évitoit m'a société. J'ai vu qu'on me fuyoit parce qu'on étoit obligé de s'interdire les choses les plus innocentes, si on ne vouloit pas m'effaroucher. Le désir d'être recherchée à vaincu mon orgueil, et je suis devenue la personne avec laquelle il est le plus aisé de bien vivre.

Un amour-propre invincible me rendoit l'ennemie de quiconque me faisoit connoître mes torts; je ne pouvois supporter qu'on m'humiliât. Le vertueux ami qui me dirige m'a tellement inspiré l'envie d'être estimée, qu'il m'a habituée à entendre mes vérités; je souffre lorsqu'on me les dit, mais je ne murmure point, et je prends en bonne part celles même que la malveillance m'adresse.

Un penchant à la médisance, une humeur caustique, une manie *de faire de l'esprit l'esprit* aux dépens d'autrui, et de flatter mon amour-propre en mortifiant celui des autres, m'avoit fait regarder comme un heureux don du ciel la facilité que j'avois à aiguiser des épigrammes; je me croyois l'aigle de toutes les sociétés. Le sage dont je parle m'accoutuma à porter un œil observateur sur moi-même. Je ne tardai pas à découvrir que les gens estimables me méprisoient, que les personnes timides me craignoient, et qu'enfin je ne plaisois qu'à quelques méchans. Dès lors, je me déterminai à renoncer à la satyre, et à donner aux autres tous les éloges que je pourrois leur accorder sans blesser la vérité; en sorte que le désir de plaire m'a fait encore triompher d'une intention vicieuse, et l'a métamorphosée, pour ainsi dire, en vertu, puisque je dis du bien de mon prochain, ou je me tais sur son compte.

Une humeur altière, un sang vif et

I.

bouillant, me livroient à des accès de colère, dont les excès me dégradoient à mes propres yeux; j'abusois d'un secret confié, je reprochois des vices cachés, je divulguois des malheurs ignorés, j'empoisonnois tout, je voulois être la seule qui eût raison ; de là, plus de confiance, plus de liaison avec moi. Je rougissois de mes emportemens lorsque le calme étoit rétabli dans mon ame, mais ce n'étoit point assez; il a fallu que mon guide dans la vertu, en m'inspirant le respect de moi-même, me fît surmonter mon caractère, modérer ma vivacité. Maintenant, je me possède assez dans tous les instans, pour n'avoir à cet égard aucun reproche à me faire.

Voilà, jeunes Elèves, les fruits qu'on retire des instructions morales, lorsqu'on les écoute avec la volonté ferme d'en profiter. Mais voulez-vous un exemple qui achève de vous indiquer les dispositions que vous devez y apporter pour vous les rendre utiles?

Supposez-vous tout-à-coup dans une forêt où des brigands vous ont transportée et délaissée, tandis qu'un père sensible, une mère tendre, ne sachant ce que vous êtes devenue, mais ayant mis en usage tous les moyens de découvrir vos traces, attendent, avec une impatience mêlée de craintes affreuses, votre retour. Au milieu de cette horrible solitude, et pleine de terreur en songeant aux périls qui vous environnent, vous appercevez un vieillard dont la figure vénérable et douce annonce l'honnêteté. Ce guide bienfaisant connoît les routes qu'il faut suivre pour sortir des lieux où l'on vous a jetée, et peut vous ramener à votre famille si vous voulez recourir à ses soins. Avec quel empressement vous adressez-vous à sa bienveillance, pour lui demander ce service important! Avec quelle docilité vous laissez-vous conduire, quand vous êtes sûre qu'il va vous tirer du danger ! êtes-vous alors tentée de le quitter ? Oseriez-vous prendre un autre chemin que celui qu'il croit devoir vous faire suivre ? Et quand cet homme respectable vous a remise entre les mains de vos parens consolés, lorsqu'il s'agit de lui témoigner votre reconnoissance, le laissez-vous sortir de la maison paternelle sans l'avoir mille fois remercié de ses bontés ?

Jeune Elève, voilà l'image de l'empressement, de la docilité, de la gratitude, que vous devez apporter aux diverses instructions morales que vous offre en ce moment l'amitié. Vous êtes destinée à vivre au milieu d'un monde, où chaque pas que vous pourrez faire, pourra aussi vous égarer. Les dangers que l'on y court sont bien difficiles à éviter, puisqu'ils se rattachent à nos erreurs, à nos préjugés, à nos passions. D'après le vif intérêt que nous prenons à votre sort, nous venons vous indiquer la route que vous aurez à suivre pour échapper à ces dangers. Dédaigneriez-vous les secours que notre zèle vous offre? ne les accepteriez-vous pas avec la confiance qu'ils doivent vous inspirer? Il s'agit ici du bonheur ou du malheur de vos jours. Ah! lorsque nous vous instruirons des moyens de vous soustraire à tout ce qui pourroit en troubler le calme, on n'aura point à craindre que vous nous écoutiez sans intérêt; et vous vous laisserez conduire à la félicité qu'on trouve dans la vertu, avec la même docilité que vous vous laisseriez ramener auprès de la tendre mère qui croiroit vous avoir à jamais perdue.

Et ne vous imaginez pas qu'un cours de morale soit un cours d'ennui; qu'il y ait quelque chose de si grave dans l'exposition de vos devoirs, que la vivacité même de l'enfance n'en puisse être satisfaite. Nous savons que de tristes leçons

ne sont bonnes qu'à inspirer du dégoût pour ceux qui les donnent, et pour tout ce qu'ils disent ; nous ne vous ferons pas peur de vos devoirs ; nous ne vous laisserons pas croire qu'on est chagrine quand on est vertueuse ; nous vous montrerons dans la fidélité de votre conduite la source de vos plus doux plaisirs. « Est-
» il donc si pénible, vous dirons-nous,
» d'aimer pour être aimée, de se rendre
» aimable pour être heureuse, de s'ho-
» norer pour se faire honorer ? Que
» ces droits sont beaux ! Qu'ils sont res-
» pectables ! Qu'ils sont chers aux cœurs
» bien nés ! Une jeune personne n'a pas
» besoin d'attendre les ans ni la vieil-
» lesse pour en jouir. Son empire com-
» mence avec ses vertus. Avant même
» que ses attraits se développent, elle
» plaît par la douceur de son caractère
» et la modestie de son maintien; elle
» intéresse par sa timidité, sa jeunesse,
» son ingénuité; elle s'attire le respect

« de tous par celui qu'elle rend à tous
» et tandis qu'elle jouit de cette univer-
» selle considération, elle sent intérieu-
» rement, et sans vanité, qu'elle n'en
» est pas indigne ».

 Jeunes Elèves, seriez-vous insensibles à ces touchantes leçons ? Ne profiteriez-vous pas du nouveau secours que la meilleure des amies vous présente ? Le spectacle d'une famille affligée de l'inutilité de l'éducation qu'elle vous donne, ne déchireroit-il pas votre cœur ? Loin de lui faire éprouver une peine aussi vive, montrez-vous, de plus en plus, fidèles à vos devoirs, et devenez un jour aussi heureuses que vous êtes déjà intéressantes.

DISCOURS

SUR LES RAPPORTS DES JEUNES PERSONNES AVEC LA DIVINITÉ.

> La pensée d'un Dieu qui voit tout, qui entend tout, cette pensée constante peut seule te conserver la pureté de cette vertu pour laquelle je voudrois t'embraser d'amour.
>
> Marc Aurèle.

La nécessité de donner à nos instructions ce fondement sans lequel l'auguste édifice de la morale ne peut s'élever avec solidité, appelle aujourd'hui notre attention vers celui de qui tous les êtres tiennent leur existence. Je viens vous entretenir du Créateur de l'univers, de l'ame de tout ce qui respire, du Dieu de qui dépendent nos biens, nos vies, notre félicité. On vous a déjà sans doute parlé de ce Maître souverain ; sans doute on vous a appris à le prier. Quoique la foiblesse de l'enfance ne vous ait pas permis encore de méditer sur ses perfections, vous savez qu'il existe comme l'auteur, le conservateur, la fin de tous les êtres. Mais ces connoissances suffisent-elles à vos mœurs? Pour vous déterminer à rendre à Dieu les hommages qu'il a droit d'attendre de vous, n'est-il pas nécessaire que nous vous l'offrions sous des rapports plus intimes? Ecoutez une morale qui, toute sublime qu'elle est, peut être cependant mise à la portée de la plus foible intelligence. L'éternelle vérité vous montre en Dieu un père qui peut tout, un témoin qui voit tout, un juge qui pèse tout, un ami qui console de tout. De ces principes aussi incontestables que votre existence est réelle, découlent les devoirs que vous avez à remplir envers l'Être suprême; suivez-en le développement avec la plus sérieuse attention.

Souverain Maître de la terre et des cieux! c'est en ta présence et sous tes auspices que je vais parler de toi. Quand ma voix frappera les oreilles des Elèves qui m'écoutent, que ta voix retentisse au fond de leurs cœurs. Tu donnas la raison à l'homme et la magnificence à l'univers; j'implore une moindre faveur de ta puissance; ne la refuse point au zèle dont tu m'as pénétré pour ces aimables enfans.

I. C'est donc le père tendre qui peut tout, que je dois premièrement vous présenter en Dieu, jeunes Elèves; eh! quel tableau pourrois-je vous en faire, si nous étions capables de nous élever à tant de hauteur! Les grands écrivains ont essayé de nous en donner de grandes idées; mais dès que l'on parle aux hommes un langage qu'ils soient capables d'entendre, que peut-on dire qui soit digne de Dieu? Voulez-vous, du moins, contempler cette toute puissance vraiment paternelle? levez d'abord les yeux vers le ciel; abaissez-les ensuite sur la terre; et parcourez un moment avec moi les sublimes objets qu'enferme leur vaste sein. Ces globes immenses qui roulent sur nos têtes, qui, dans leurs courses lentes ou rapides, observent des proportions si exactes, qui sont si contraints dans leurs vicissitudes, dans leurs révolutions continuelles; ces astres qui président aux travaux du jour et au repos de la nuit, dont la lumière guide nos pas, dont la chaleur féconde charge les arbres de feuilles et de fruits, couvre la campagne de fleurs et de moissons; ce nombre infini d'étoiles qui décorent avec tant de splendeur le firmament, et qui sont autant de soleils immenses attachés chacun à une espèce de monde nouveau qu'ils éclairent; ces mers dont la vaste étendue sépare les diverses régions et sert à réunir les peuples séparés; tout ce que le ciel et la terre enferment dans leur enceinte immense est l'ouvrage de Dieu. *Il a mesuré les eaux dans le creux de sa main, et la tenant étendue il a pesé les cieux; il soutient de trois doigts toute la masse de la terre;* il pèse les montagnes et met les collines dans la balance; toutes les nations ne sont devant lui que comme une goutte d'eau; la terre qu'elles habitent que comme un grain de poussière; l'univers entier est à ses yeux comme n'étant pas; et sa sagesse en règle tous les mouvemens avec la même facilité qu'une main soutient un poids léger dont elle se joue plutôt qu'elle n'en est chargée. Ces oiseaux qui voltigent dans les airs, ces animaux qui bondissent sur la terre, ces poissons qui nagent dans les eaux, tiennent de lui leur existence, leur nourriture, leur fécondité; et c'est pour vous, pour toutes les créatures douées de la raison, que tant d'êtres embellissent, nourrissent, et enchantent le monde. Imitez, si vous le pouvez, le travail de l'abeille dans sa ruche, de l'araignée dans sa toile, du ver à soie dans sa coque, de la fourmi dans son magasin. Qui leur a appris ces secrets où les hommes ne peuvent atteindre, si ce n'est celui qui, par sa sagesse, est au dessus de toute sagesse, qui fait ramper l'insecte et rouler les cieux? Qui a instruit la brebis à discerner entre mille herbes de la même couleur, celle qui lui convient pour se nourrir, et l'agneau à reconnoître sa mère entre mille brebis qui lui ressemblent? Vous seul, ô mon Dieu, qui êtes le père de tous les êtres, mais qui l'êtes bien plus particulièrement des créatures que vous avez formées à votre image!

 Sortant comme d'un sommeil profond, s'écrie un auteur, j'ai entrevu, mais de loin, et non pas en face, le Dieu éternel, immense, sachant tout, pouvant tout, et j'ai été confondu. J'ai observé quelques unes de ses traces dans les choses créées, et dans les plus petites même ; quelle force ! quelle sagesse ! quelle inexprimable perfection ! J'ai vu les animaux soutenus par les végétaux, les végétaux par les minéraux, les minéraux par la terre, la terre emportée dans son cours inaltérable autour du soleil dont elle reçoit la vie, et le système éternel des étoiles suspendu en mouvement dans l'abyme du vide par la volonté du grand Etre. Veut-on l'appeler *Destin*? on n'erre point; il est celui de qui tout dépend. Veut-on l'appeler *Nature*? on ne se trompe point; il est celui de qui tout est né. Veut-on l'appeler *Providence*? on dit vrai; il préside à tout et conserve tout. Non, non, chères Elèves, appelons-le *Dieu*: ce nom rappelle tout ce qu'il est, ou du moins, tout ce que les hommes en peuvent comprendre.

Si vous avez des parens estimables, une fortune honnête, un esprit droit, un cœur bon, une figure aimable, une santé robuste, vous les devez à Dieu. Ces yeux, sans lesquels vous ne sauriez voir; ces oreilles, sans lesquelles vous ne pourriez entendre; ces pieds, sans lesquels vous voudriez en vain marcher; ces mains, sans lesquelles il vous seroit impossible d'agir, sont un présent de sa bienfaisance; tout vient de lui et doit retourner à lui. Sa providence vous soutient, vous protège, vous embellit; elle vous conduit durant le jour, veille sur vous pendant la nuit, et vous fait reposer sur son sein, comme des nouveaux-nés entre les bras de la plus tendre des mères. Le pain que vous mangez, elle l'a pétri; la boisson qui vous désaltère, elle l'a composée; le suc qui vous nourrit, elle l'a exprimé; les plantes, les graines, tout ce que le ciel mûrit et la terre enfante, est l'ouvrage de sa bonté; et, peu contente de fournir aux besoins, elle pourvoit encore aux plaisirs de votre enfance. Nommez-moi un bien qu'elle n'aime à vous faire, un mal dont elle ne veuille vous préserver; Providence aimable qui vous suit par-tout et ne vous abandonne jamais, qui vous a comblées de bénédictions et vous en prépare de nouvelles, qui prend soin de votre existence et veillera sur vous jusqu'à la fin de vos jours! L'amour même de vos parens, cet amour si vrai qui, depuis l'instant où vous reçûtes la vie, vous fait chaque jour sentir ses doux effets; cet amour si passionné, auquel vous devez tant de protection, de bienfaits et de jouissances, c'est Dieu qui l'a mis dans le cœur de votre père, et dans le sein de votre mère; c'est Dieu qui en a fait, pour ainsi dire, un instinct qu'il n'est pas plus possible d'éteindre que d'aliéner. On ne l'acquiert par aucune réflexion; il ne s'empare de nous par aucun effort; il tient à notre essence par des liens que la mort seule peut briser : et la race humaine est tout entière sous son invincible puissance.

Cependant, quelque affection qu'ils aient pour vous, un père et une mère ne peuvent tout, ni pour vos besoins ni pour vos plaisirs. Vous leur demanderiez en vain ce qui n'est point à leur disposition; toute leur tendresse ne sauroit ajouter une ligne à votre taille; et, dans bien des rencontres, vos prières les plus pressantes ne feroient que leur rappeler les bornes de leur pouvoir. Celui de Dieu n'a point de limites; il n'est aucune grace qu'il ne puisse, qu'il ne veuille vous faire; ses mains, pleines des dons de sa bienfaisance, sont toujours prêtes à s'ouvrir au gré de vos désirs. L'univers n'est, pour quelques hommes, qu'un assemblage informe des ouvrages d'une cause aveugle, dit le célèbre Pouilly; mais pour des hommes parfaitement vertueux, c'est un temple auguste qu'habite un Dieu bienfaisant qui veut bien leur faire part d'une partie de ses desseins, et en étalant à leurs yeux les merveilles de sa sagesse; qui leur donne avec profusion le nécessaire, l'utile, et l'agréable; et qui ajoute à tous les biens dont il les comble la perspective d'une félicité aussi durable que lui-même.

Et vous ne remercieriez pas ce Dieu prodigue qui vous a donné tout ce que vous possédez? Et vous n'auriez pas recours à ce père tendre qui peut vous accorder tout ce que vous lui demanderez? Ah! qu'il soit désormais l'objet de votre amour, de votre gratitude, de votre confiance; adressez-vous à lui dans la simplicité de votre ame, avec plus d'empressement encore que vous n'en mettez à recourir aux auteurs de vos jours. Dès vos premiers pas dans la carrière de la vie, il vous a dit, il vous a prouvé qu'il étoit plus particulièrement votre père; comment ne lui témoigneriez-vous pas que vous êtes, que vous voulez être plus particulièrement ses enfans? Vous êtes foibles, mais il est fort; vous êtes timides, mais il est prévenant; vous êtes pauvres, mais il est riche; vous avez besoin d'une protection continuelle, mais il a une inépuisable bonté. Admirez sa grandeur, croyez à ses promesses, bénissez son pouvoir, implorez sa bienfaisance; il vous comblera de ses dons.

II. Dieu n'est pas seulement un père tendre qui peut tout; il est encore un témoin invisible qui voit tout. L'Être suprême, celui qui a fait et qui dirige le monde, ce monde en qui se réunissent tous les biens et toute la beauté; le Dieu qui, pour notre usage, maintient les œuvres de la création dans la fleur de la jeunesse, et dans une vigueur toujours nouvelle, qui les force d'obéir à ses ordres avec plus de promptitude que la pensée, et qui leur défend de s'égarer jamais; ce Dieu se manifeste à nous par sa puissance, mais il ne se montre pas lui-même à nos yeux. Eh ! comment l'œil borné d'une créature mortelle pourroit-il fixer la gloire infinie du Maître des cieux ? La glace qui nous éblouit, l'éclair qui nous frappe, le rayon qui nous aveugle, ne sont rien en comparaison de cette éclatante lumière; il n'y a aucune proportion entre la foiblesse de notre vue et la splendeur de sa Majesté. Mais il n'en est pas moins vrai que, par son immensité, Dieu remplit tous les lieux de la terre, et qu'il n'est aucun point, quelque caché qu'il puisse être, que ses yeux ne découvrent mille fois mieux que les nôtres n'apperçoivent l'objet le plus parfaitement éclairé. Il ne cesse de crier aux coupables que leurs crimes secrets ont été vus; et il dit au juste oublié : tes vertus ont un témoin. Vous pouvez vous dérober à la vue de vos parens, de votre institutrice, de vos sœurs; vous pouvez vous enfoncer dans un lieu si secret, que nulle personne au monde ne puisse soupçonner même qu'il vous enferme ; et par conséquent il est possible que tout ce que vous y faites demeure à jamais inconnu des mortels. Voilà pourquoi vous sentirez un jour que les lois sont insuffisantes, et qu'il faut à la conscience de l'homme un autre observateur que celui qu'on peut si aisément tromper.

Vous vous flatteriez en vain de vous dérober, par de tels moyens et de plus grands encore, à l'œil pénétrant du Maître de l'univers. Vos actions les plus obscures, vos désirs les plus intérieurs, vos pensées les plus secrètes, rien ne sauroit lui échapper. Continuellement environnées de son immensité, exposées tout entières à ses regards, il n'est ni réduit, ni solitude, ni ténèbres, qui puissent vous enlever à sa vue; et non seulement votre corps, mais votre esprit, mais votre ame, sont pour lui un livre toujours ouvert. Etrange secret que celui qu'on dérobe à tous les yeux, hors ceux à qui l'on a le plus d'intérêt à le cacher! Vous méditez une vengeance contre l'une de vos sœurs, et vous ne l'avez dit à qui que ce soit au monde : Dieu est instruit de votre projet. Vous avez commis une faute qui mérite une punition, vos précautions en ont dérobé la connoissance à tout ce qui vous entoure; Dieu la sait dans tous ses détails. Vous conservez contre l'une de vos Maîtresses un sentiment d'aigreur, parce qu'elle s'est opposée à vos désirs ; vous seriez bien fâchée qu'elle lût dans le secret de votre ame : Dieu connoît en vous ce coupable sentiment. Vous ne pouvez, en un mot, rien penser, rien sentir, rien projeter, rien craindre, rien espérer, qu'il ne sache encore mieux que vous-mêmes ; c'est là, quoique vous ne puissiez pas le comprendre, une vérité plus certaine que toutes celles dont il est impossible à l'homme raisonnable de douter. Que nous sert-il de cacher quelque chose aux hommes, dit Sénèque: rien n'est caché à Dieu; il est présent à nos pensées; nous lui sommes totalement découverts.

Mais s'il est incontestable que le grand Être qui vous créa est un témoin invisible qui vous observe, et qu'il n'est aucun temps où il n'ait l'œil ouvert sur tout ce que vous faites, dites, pensez, et désirez; quelle doit être votre attention pour ne rien faire, dire, penser, désirer, qui ne soit digne de son auguste présence, rien que vous voulussiez vous permettre sous les yeux de l'institutrice à laquelle vous devez mille fois moins de respect qu'à la divinité! Quoi! vous ne tiendriez pas ce mauvais discours devant votre père, et vous oseriez le tenir devant Dieu? Vous rougiriez de commettre cette faute devant vos maîtres, et vous n'auriez pas honte de la commettre devant Dieu? Vous ne voudriez pas avouer cette pensée coupable à votre meilleure amie, et vous vous y arrêteriez avec complaisance devant Dieu? Si vous voulez vous permettre une offense, cherchez des lieux, dit un sage, où l'Etre suprême ne puisse vous découvrir. Mais comme ni l'espace que vous occupez, ni les principes qui vous constituent, ne peuvent lui être cachés; comme il voit une pensée dans votre esprit, un sentiment dans votre cœur, avec plus d'évidence encore que l'œil le plus perçant ne verroit une tache difforme sur votre front; marchez devant lui avec tout le respect que vous devez à sa majesté infinie, et n'oubliez jamais que sa lumière éternelle vous investit tout entières dans le sein même de l'obscurité. Ayez Dieu dans votre esprit tous les jours de votre vie, disoit un homme vertueux. Excellente règle! Fondement solide de toute vertu! On ne s'égare que parce qu'on oublie l'Eternel, ou qu'on ne pense à lui que par de longs intervalles ; le moyen de lui être toujours fidèle, c'est de l'avoir toujours présent ; marcher devant Dieu, tendre toujours à Dieu, lui rapporter tout comme à sa fin, n'avoir d'autre but que de lui plaire, d'autre crainte que de l'offenser ; le regarder en tout comme le témoin de sa vie : c'est le préservatif le plus sûr contre tous les maux, parce qu'il les tarit dans leur source.

Heureux donc les enfans d'un Dieu si bon, qui, privés de sa présence sensible, savent se rapprocher intérieurement de lui par l'amour ; qui se tiennent toujours à portée d'entendre sa voix ; qui ont les yeux continuellement fixés sur lui ; que nul objet ne peut entièrement distraire de cette vue aimable ; qui, du moins, ne souffrent pas qu'il échappe long-temps à leur souvenir ; qui font voler de tous temps vers lui leurs désirs ; qui lors même qu'ils ne pensent pas actuellement à lui, ne sont pas loin d'y penser ; et qui, par des retours périodiques, comme par autant de fortes impulsions, se forment enfin une pente secrète qui les y ramène sans cesse. Ils s'épargnent à la fois bien des fautes et des chagrins; ils se ménagent une ressource contre les maux de la vie présente autant que contre les malheurs de la vie future; et, trouvant en quelque sorte le ciel sur la terre, ils peuvent se promettre, presque infailliblement, de s'élever un jour de la terre au ciel. Être éternel, suprême intelligence, source de vie et de félicité, père de l'homme, protecteur des enfans, ame de toute la nature, Dieu très puissant, très juste et très bon! oui, je marcherai sans cesse en ta présence; sans cesse je me souviendrai que tes yeux sont ouverts sur mes pas, et je réglerai d'autant plus ma conduite sur ta volonté sainte, que tu n'es pas seulement un témoin invisible qui voit tout, mais un juge souverain qui pèse tout.

III. Le Dieu qui nous créa, mes enfans, ne vous a point mises sur la terre pour y vivre ainsi que ces animaux dont l'homme fait ou sa nourriture, ou son agrément, ou ses esclaves, et qui, ne sachant d'où ils viennent, ce qu'ils font, où ils tendent, sont incapables d'élever leurs pensées vers le maître de l'univers. S'il nous a donné la raison, c'est pour discerner le bien d'avec le mal; la liberté, c'est pour choisir entre l'un et l'autre; la faculté de vouloir, c'est pour nous attacher vivement à ce qui est bon, et repousser fortement ce qui est mauvais. Il nous a dit : « Voilà le chemin de la vertu, mar-
» chez-y avec courage! voilà la route du
» vice, fuyez-la constamment! Votre
» vie, quelque durée que je lui donne,
» ne sauroit être qu'un long moment.
» Tout l'espace qui séparera votre nais-
» sance de votre mort sera soumis à ma
» justice; je le pèserai dans cette balance
» qui doit décider de votre sort éternel.

» Sur la terre on voit quelquefois les
» bons en proie aux maux qui acca-
» blent, les méchans, riches de biens
» qui sont enviés. Il faut que dans un
» nouvel ordre de choses, les uns soient
» punis, les autres récompensés. Au
» lieu de châtimens, méritez des cou-
» ronnes ; votre destinée est entre vos
» mains ».

Quelle est celle de vous, jeunes Élèves, que ce discours émané de la bouche de Dieu même, n'enflammeroit pas de haine pour le vice, et d'amour pour la vertu ? Celui qui tient le fil de vos jours entre ses mains, et qui, malgré votre santé, votre vivacité, votre jeunesse, pourroit à l'instant même vous précipiter dans le tombeau, examinera votre vie entière, et s'il veut n'en laisser aucune action vertueuse sans récompense, il doit n'en laisser aucune action coupable sans châtiment. Il n'est pas infiniment difficile de se montrer quelquefois, aux yeux qui nous observent, modeste quand on est vaine, douce quand on est emportée, amie quand on est jalouse. L'art de se contrefaire n'est que trop familier à un sexe qui trouve dans sa foiblesse des raisons de dissimuler ses sentimens. Mais Dieu, qui lit au fond de nos ames, sait bien y démêler les motifs qui nous font agir. Ces motifs ne seront pas moins jugés que leurs effets. Nos pensées comparoîtront au même tribunal que nos œuvres.

Ne tenez point pour heureux, disoit Isocrate, celui qui fait le mal à l'abri du secret, mais celui qui sait s'en abstenir. Tôt ou tard l'un subira la peine qu'il mérite; l'autre recevra la récompense dont il est digne.

N'oubliez donc jamais qu'il est un juge souverain qui pèse tout. Ne vous arrêtez à aucune idée, n'entretenez aucun désir qu'il puisse désapprouver; dites-vous sans cesse: « Dieu m'entend, Dieu me

» voit ; Dieu lit au fond de mon ame,
» il me jugera. S'il a des récompenses
» pour celles qui marchent dans les
» voies de la sagesse, il a des punitions
» pour celles qui s'abandonnent aux at-
» traits de l'égarement. Que je suive les
» avis de mes parens, que je profite des
» leçons de mes maîtres, que je rem-
» plisse les devoirs de mon sexe, je
» suis bien sûre de mériter ses bontés;
» mais que je néglige ces avis, ces leçons
» et ces devoirs, je suis non moins cer-
» taine d'encourir sa disgrace. Oh! je
» veux faire le bien tant qu'il m'en sera
» sera le pouvoir ».

IV. Enfin nous trouvons en Dieu un ami qui console de tout. A l'âge où vous êtes, mes enfans, on ne sait pas encore, à peine on peut comprendre ce que c'est que le malheur. Le présent vous offre des plaisirs bien doux, l'avenir de bien plus douces espérances; et si quelques chagrins viennent se mêler à ces jours sances journalières, ils ne font, pour ainsi dire, que rendre plus vive la joie qui les suit. Mais à peine aurez-vous fait un pas dans ces sociétés où tout paroît charmant; à peine y serez-vous fixées par l'établissement auquel la nature vous destine, que les soucis viendront vous atteindre. Vous n'échapperez ni aux médisances, ni aux calomnies, ni aux noirceurs. Vos sociétés, vos compagnes, vos amies, contribueront plus d'une fois à vous affliger : des objets plus chers encore répandront le deuil sur vos beaux jours. Vous trouverez jusqu'au sein de la vertu des épines d'autant plus piquantes, qu'elles naissent dans un champ vigoureux. Rien ne pourra vous mettre à couvert des traits de l'envie, des atteintes de la souffrance, des images de la terreur. Les douleurs même des personnes pour qui vous aurez de l'attachement deviendront les

3 *

vôtres; vous aurez mille peines cruelles, pour quelques légères satisfactions.

Dans cette triste circulation de désirs et de dégoûts, dans cette alternative inévitable de travaux et d'ennuis, dans cette succession continuelle de souhaits passionnés et d'espérances trompées, qui pourra donc vous consoler ? Sera-ce la raison ? Ah ! loin de nous faire oublier dans le passé les malheurs que les temps ont accumulés sur nos têtes, elle nous attriste en nous faisant prévoir dans l'avenir des maux qui n'existeront peut-être jamais ; loin de porter au plus intime de l'ame ces consolations douces qui font rendre grace à la main qui nous afflige, elle sonde les replis les plus secrets du cœur pour les arroser du poison que ses éternelles réflexions préparent ; et, gravant dans la mémoire des souvenirs que les ans ne peuvent effacer, perdant à prévenir la douleur une force qu'il faudroit employer à nous la rendre utile, si elle nous persuade quelquefois la nécessité de nous soumettre; rarement elle nous procure l'avantage d'être soumis.

Sera-ce le monde? Ah! le plus honnête est obligé de vous abandonner à vos chagrins, pour ne pas aigrir votre impatience; et le plus grand service qu'il puisse vous rendre, c'est de vous aider à oublier vos peines, en paroissant les ignorer. Les jeux, les divertissemens, les fêtes l'appellent; comment se couvriroit-t-il du deuil qui obscurcit vos jours? Dans le tourbillon où il s'efforce de s'étourdir, il est trop malheureux lui-même, pour s'occuper des malheureux. D'ailleurs votre longue prospérité l'importunoit, il s'étoit lassé de vous adorer. Il se dédommage par la dureté de ses mépris, de la bassesse de ses hommages, et se venge de vos caprices en insultant à vos malheurs.

Sera-ce l'amitié? Ah! sans doute elle est un des charmes les plus puissans de la vie ; les larmes n'ont point d'amertume lorsque pour les essuyer elles trouvent la main d'un ami sage et fidèle ; j'ignore même si l'opulence a des plaisirs aussi doux que celui d'épancher son ame et de verser ses ennuis dans un cœur qui nous entend, et qui nous répond. Mais où est-elle cette amitié sincère, cette parfaite union des cœurs, ce sentiment désintéressé, ce commerce intime qui survit à la prospérité ? Sur les pas de la fortune qui se retire, tout fuit ; elles vous abandonnent ces ames viles et mercenaires que l'espérance rassembloit autour de vous, et qu'elle appelle ailleurs. Vous avez beau réclamer leurs services, elles n'en attendent plus de votre crédit. Semblable à ce lâche Amalécite qui, pour porter le diadême à David, courut arracher un reste de vie à Saül, afin de mériter les bonnes graces d'un nouveau protecteur, elles achèveront, s'il le faut, d'écraser celui par qui elles existent ; qu'importe au fourbe qui triomphe l'homme intrépide qui périt ?

Non, il n'appartient qu'au Dieu qui permet nos maux de nous consoler dans la nécessité d'en supporter les atteintes. C'est le seul ami puissant qui nous reste au milieu des adversités. Quand vous serez affligées, mes enfans, jetez-vous entre ses bras, lisez ses préceptes, prosternez-vous au pied de ses autels ; je jure devant lui que vous en sortirez consolées.

Qui de nous, s'écrie un auteur moderne, qui de nous n'a pas vu quelquefois ces vieux soldats qui, à toutes les heures du jour, sont prosternés çà et là sur les marches du temple élevé au milieu de leur auguste retraite? Leurs cheveux que le temps a blanchis, leur front que la guerre a cicatrisé, ce tremblement que l'âge seul a pu leur imprimer, tout en eux inspire d'abord le respect; mais de quel sentiment n'est-on pas ému, lorsqu'on les voit se soulever et joindre, avec effort, leurs mains défaillantes pour invoquer le Dieu de l'univers, et celui de leur cœur et de leur pensée; lorsqu'on leur voit oublier dans cette touchante dévotion, et leurs douleurs présentes et leurs peines passées; lorsqu'on les voit se lever avec un visage plus serein, et emporter dans leur ame un sentiment de tranquillité et d'espérance? Ne les plaignez point dans cet instant, vous qui ne jugez du bonheur que par les joies du monde: leurs traits sont abattus, leur corps chancèle, et la mort observe leurs pas; mais cette fin inévitable, dont la seule image vous effraie, ils la voient venir sans alarme; ils se sont approchés par le sentiment de celui qui est bon, de celui qui peut tout, de celui qu'on n'a jamais aimé sans consolation.

Jeunes Elèves, que des considérations aussi puissantes vous fixent d'une manière irrévocable dans l'amour et la pratique de la vertu. Le vrai fondement de la morale et par conséquent d'une éducation fructueuse, c'est Dieu. Considérez toujours en lui un père qui peut tout, un témoin qui voit tout, un juge qui pèse tout, un ami qui console de tout. Elevez vos pensées vers lui dans toutes les circonstances de votre vie; qu'il préside à vos démarches, à vos travaux, et à vos plaisirs. Quels que puissent être vos besoins, implorez son pouvoir; quelque lieu que vous habitiez, respectez sa présence; quelque tentation que vous éprouviez, craignez sa justice; quelque chagrin qui déchire votre cœur, recourez à sa bienfaisance; il est le Dieu du temps et de l'éternité. Eh! quel encouragement pour une jeune personne qui veut remplir ses obligations, que de savoir qu'elle a l'Être Suprême pour père, pour témoin, pour ami, pour juge ! Quel frein pour celle qui seroit tentée de les enfreindre, que de se rappeler ces grandes vérités ? Quand vous avez fait une bonne action, ne sentez-vous pas une satisfaction intérieure ? C'est Dieu qui daigne vous la donner afin que vous persévériez dans le bien. Lorsque vous vous êtes permis une action coupable, n'éprouvez-vous pas un remords pénible ? C'est Dieu qui daigne l'exciter dans votre ame, pour que vous vous détourniez du mal. Mettez à profit ces diverses impressions, goûtez les douceurs que l'on trouve dans l'accomplissement de ses devoirs, épargnez-vous les chagrins qui naissent du souvenir de ses fautes : la piété est utile à tout.

Née de parens assez aveugles pour penser qu'on n'avoit nul besoin de religion pour se maintenir dans la sagesse, la folle *Emma* fut, à l'âge de seize ans, mariée à un homme qui, bien moins

DE MORALE. 63

qu'elle encore, s'étoit occupé de l'Être par qui tout existe dans l'univers. Si la jeune épouse eût été élevée dans les principes que nous venons de vous exposer, les exemples d'un mari infidèle, les duretés d'un maître injuste auroient pu troubler sa vie et ne point altérer sa vertu; mais vivant sur la terre sans aucune relation avec le ciel, ne songeant pas même qu'il existe un avenir heureux ou terrible après la mort, elle crut trouver des consolations dans des liaisons coupables, et s'abandonna bientôt sans frein au déréglement. Quoi qu'en puisse dire un monde séducteur, les plaisirs immodérés des sens deviennent les chagrins de l'ame, et le vice porte toujours avec lui son châtiment. *Emma* ne tarda point à l'éprouver: se voyant en butte à tous les besoins, ainsi qu'à tous les mépris; ne pouvant supporter un état auquel elle ne voyoit plus de remède, son imagination allumée par les privations et les veilles, ne lui présenta qu'un effroyable parti; et d'une main que le désespoir avoit armée d'un poignard, elle termina elle-même sa vie.

A la place de cette malheureuse, mettez une épouse bien convaincue qu'il est un Dieu qui peut tout, qui voit tout, qui juge tout, qui console de tout, elle se seroit jetée entre les bras de la religion; et, au lieu de terminer ses jours par un forfait, elle les eût rendus méritoires par sa patience.

Dieu de bonté, prends sous ta protection spéciale ces aimables enfans. Leur foiblesse les livre à tous les besoins de la vie, inspire-leur le désir de recourir à toi; leur vivacité les expose à toutes les tentations de la vie, affermis-les dans la résolution de marcher devant toi; leurs graces les abandonnent à toutes les séductions de la vie, fais-leur goûter le bonheur de ne plaire qu'à toi! Qu'il sied la jeunesse, toute rayonnante de grace et de bonheur, au moment où elle va devenir *la reine de la terre*, de se donner au maître de l'univers! et qu'il seroit imprudent à elle de différer ce grand acte jusqu'au temps où, disgraciée à son tour par la succession des années, délaissée à son tour des nouvelles générations, elle se retirera par contrainte et peut-être sans fruit, vers les promesses éternelles. Ah! mes enfans, craignez un semblable malheur; offrez à l'Être Suprême un hommage plus pur; consacrez-lui dès à présent tous vos jours; et souvenez-vous que les richesses, les talens, les graces, la beauté ne sont rien, s'ils ne sont sanctifiés par votre reconnoissance envers celui de qui nous tenons tout ce que nous sommes.

DISCOURS

SUR LES DEVOIRS DES JEUNES PERSONNES ENVERS LEURS PARENS.

> Le sentiment que les bienfaits de nos parens nous inspirent forme en quelque manière notre existence morale, et devient notre première obligation.
>
> NECKER.

Le touchant intérêt avec lequel vous avez reçu les premières instructions que nous vous avons faites, jeunes Élèves, redoubleroit le zèle que vous nous avez inspiré, si déjà ce zèle n'étoit aussi vif qu'il peut l'être. Non seulement vous avez saisi les vérités propres à former vos mœurs, mais vos extraits nous ont prouvé que vous avez formé la résolution sincère de profiter avec soin des exercices qui peuvent si efficacement contribuer à votre bonheur. Recevez les justes éloges qui sont dus à l'empressement sage que vous méritez pour ce nouveau genre de leçons.

plus douce récompense que vous puissiez accorder à nos soins, c'est d'en profiter; et, grace à votre docilité, tout nous promet le succès qu'il nous étoit permis d'en attendre.

Après avoir prouvé le besoin que vous aviez d'instructions, et de principes immuables; après avoir élevé vos cœurs vers celui qui peut seul les rendre efficaces nous venons vous entretenir d'un des plus essentiels devoirs de la morale, de l'amour filial. Que tes premiers respects soient pour l'Eternel, disoit un sage, les seconds pour tes parens. A la seule annonce d'un pareil sujet, votre ame s'attache tout entière à l'intéressante image des auteurs de vos jours; elle leur assure d'avance qu'on ne va rien exprimer que vous ne sentiez, rien prescrire que vous ne soyez déterminées à faire, et que, parmi les obligations que vous avez déjà contractées, il n'en est aucune que vous trouviez plus facile à remplir.

Aussi, ne craignez pas que nous vous commandions d'aimer vos pères et mères; l'affection ne vient point du devoir, et ce n'est point ici que sert la contrainte: mais nous vous montrerons qu'il est difficile que celles qui n'aiment pas leurs parens, qui ne les respectent pas, qui ne se plaisent pas avec eux plus qu'avec personne au monde, puissent un jour tourner à bien; et que c'est ici votre intérêt le plus réel et votre obligation la plus douce.

Quels sont les motifs qui doivent vous attacher à vos parens? A quels caractères connoîtra-t-on si vous êtes attachées à vos parens? Deux réflexions que nous tâcherons de vous exposer de la manière la plus sensible, et pour lesquelles nous demandons toute votre attention.

Amour des pères et des mères pour leurs enfans, source enflammée et pure de tous les sentimens généreux; foyer d'où part une chaleur que rien ne sauroit éteindre, embrase moi de tous tes feux! Et toi, reconnoissance, émotion des ames pures, vertu des cœurs fidèles, principe du bonheur individuel, du bonheur domestique, du bonheur social, empare-toi des jeunes personnes qui m'écoutent; je vais leur montrer combien sur leurs têtes encore innocentes, la tendresse paternelle a réuni de bienfaits.

I. Quels sont donc les motifs qui doivent vous attacher à vos parens? Ah! ne les avez-vous pas déjà pressentis vous-même; et en vous les exposant ferai-je autre chose que rappeler à votre mémoire ce que vous sentez si bien au fond de vos cœurs? Quand vous êtes venues au monde, et que, dans l'état de foiblesse extrême où vous étiez, il a fallu s'occuper aussitôt du soin de vous conserver la vie; ne sont-ce pas vos parens qui ont rempli ces devoirs avec une tendresse que rien n'étoit capable de rebuter ? Peut-être votre mère a pu vous donner son sein, renonçant au repos, au sommeil, à la société, pour se consacrer à vous sans réserve, et par une sollicitude que la maternité rend si vive, écartant de vous les maladies et la mort. « Mon Dieu, je vous remercie de m'avoir donné cette enfant ! Mon Dieu, daignez veiller vous même sur cette enfant ! Ma fille, crois pour ton bonheur et pour le nôtre ! » Ô langage d'une bonne mère ! accens pénétrans de sa voix, vous n'eûtes point de modèle; nulle imitation ne pourra vous rendre. Tels furent cependant, jeunes Elèves, ceux dont vous fûtes le tendre objet. Si la nature ou les circonstances ravirent à votre mère la douce consolation de vous nourrir, elle a du moins cherché, parmi les femmes les plus estimables, celle qui pouvoit vous donner les soins les plus utiles. Afin de l'engager à remplir une tâche aussi pénible, que de prières, que de caresses, que de présens elle lui a prodigués! Rien n'a borné sa générosité, dès qu'il a été possible de vous obtenir, par ce moyen, une plus grande vigilance; eût-il fallu se priver pour vous des choses les plus nécessaires, le sacrifice en eût été fait avec cette bienfaisance qu'il est si doux d'éprouver.

Echappée au sein qui vous nourrissoit, et remise entre les bras de vos pères et mères, avec quelle joie ils ont célébré votre retour! avec quelle émotion ils ont reçu votre premier sourire! avec quelle patience ils ont supporté la foiblesse de votre âge! avec quelle constance ils ont dévoré l'ennui de vos cris! que de peines ils ont eu pour vous enseigner à exprimer vos désirs, à former vos pas, à rectifier votre langage! combien de dégoûts, d'infirmités et d'obstacles il leur a fallu vaincre pour vous conserver au milieu de tant de périls! A peine votre vie étoit menacée, que l'inquiétude s'emparoit de leurs cœurs, le sommeil fuyoit leurs paupières, la tristesse remplissoit leurs maisons. Enchaînée nuit et jour à votre berceau, votre mère n'éprouvoit plus que vos besoins, ne sentoit plus que vos maux, ne trembloit plus que sur votre sort. Moins malheureuse qu'elle, tandis que vous ignoriez jusqu'au danger qui vous menaçoit, elle exposoit jusqu'à ses jours pour sauver les vôtres; et tout tressailloit de son allégresse, lorsqu'elle avoit pu vous arracher aux portes du tombeau.

Votre éducation physique n'a pas été le seul objet qui ait occupé vos parens; dès qu'on a pu exercer votre esprit, former votre cœur, cultiver vos talens, développer vos graces, les maîtres ont été appelés. La maison paternelle n'offrant pas assez de ressources pour l'étude, et trop de distractions pour les progrès, on a choisi l'une des meilleures institutions de cette ville, et l'on vous a confiée aux soins d'une amie dont rien ne peut exprimer la bonté. Depuis que vous avez le bonheur d'y être admise, vos parens vous ont-ils abandonnées? Ont-ils cessé de s'occuper de vous, de s'attacher à vous, de se priver de mille jouissances pour vous? N'entrez-vous pas dans leurs projets, dans leurs plaisirs, dans leurs espérances? Ne viennent-ils pas avec une assiduité touchante, vous prodiguer les témoignages de leur amour? Ah! s'ils avoient quelque chose à se reprocher, ce seroit peut-être de rendre, à force de caresses, votre éducation moins fructueuse, et de vous faire perdre, par des complaisances excessives, le fruit de vos plus beaux jours de travail.

Et si, de ce que vos parens ont déjà fait et font pour vous, nous rapprochions tout ce que vous avez lieu d'en attendre, quel tableau nous offririons à vos regards attendris! A peine serez-vous sorties de cette maison respectable, qu'ils s'occuperont du soin de perfectionner en vous une éducation qui ne s'achève qu'au milieu des sociétés formées par le goût, la politesse, et la vertu. Ils vous prépareront à cet établissement qui, grace à leur choix, doit assurer votre bonheur pour tout le reste de votre vie; ils vous montreront surtout, dans leur conduite, l'exemple de de celle que vous aurez à tenir au sein de la nouvelle famille où la providence daignera vous placer. Ne craignez point de leur part ces froideurs, ces injustices, cette espèce de despostisme, que des parens moins pénétrés de leurs devoirs que ne le sont les vôtres, peuvent se permettre envers ceux qui leur doivent le jour. Un bon père, une tendre mère, aiment leurs enfans de manière à s'en faire de vrais amis; ils veulent leur plaire; ils craignent d'aliéner leur tendresse, d'étouffer leur reconnoissance par d'injustes rigueurs; ils s'arment de patience, parce qu'un âge privé de raison et d'expérience est moins digne de colère que d'indulgence et de pitié; ils ne se montrent point les ennemis jaloux des plaisirs bruyans dont ils ne peuvent plus jouir eux-mêmes; ils consentent aux amusemens que la jeunesse est faite pour désirer; ils ne s'opposent qu'à ceux qui tendroient à la corrompre : tels sont vos parens. Bien différens de ces pères et mères qui, par je ne sais quel froid orgueil, se rendent inaccessibles à leurs enfans, ne leur montrent qu'un front sévère, jamais ne leur permettent de s'approcher de leur sein, ils se prêteront à vos jeux innocens, vous feront contracter l'habitude de vivre avec eux dans une respectueuse confiance, récompenseront par des caresses les efforts que vous ferez pour leur plaire, ne craindront pas qu'une familiarité mesurée leur fasse perdre les droits de leur autorité; et quelque prétexte que vous puissiez leur en fournir, ils s'abstiendront à jamais de ces duretés qui deviennent inhumaines, dès qu'on les excerce à contre-temps sur des êtres auxquels la défense est interdite.

Vous n'avez donc rien, mes enfans, que vous n'ayez reçu de vos pères et mères, ou plutôt que Dieu ne vous ait donné par eux; vous êtes comme des parties de leur substance; les ruisseaux ne tiennent pas plus à leurs sources, et les plantes à leurs germes. Si votre corps s'est fortifié, si vos pieds se sont raffermis, si votre langue s'est déliée, si votre esprit s'est ouvert, si vos connoissances s'étendent, si votre raison se perfectionne, si vous acquérez des talens, si vous êtes formées aux usages de la vie, si vous devenez un jour capables de vous conduire par vous-mêmes, et d'entrer dans les engagemens de la société, enfin si vous trouvez des établissemens convenables, et propres à vous faire subsister indépendamment des personnes qui vous ont ainsi élevées, ce sont autant de dettes que vous avez contractées envers vos parens.

Et vous seriez assez insensibles pour n'être pas touchées de tant de soins ? Non, vous ne résistez pas aux lumières les plus universelles de la raison ; vous n'étouffez pas les souvenirs les plus sacrés de la nature ; et vous êtes dignes d'appartenir aux familles intéressantes au milieu desquelles vous reçûtes le jour. Vous sentez que non seulement vous êtes obligées par reconnoissance à leur donner des marques non équivoques d'attachement; mais que, d'après cet intérêt qui nous dévoue à ceux de qui nous attendons le bonheur avec la sagesse, il n'est aucun moyen que vous ne deviez prendre pour mériter d'eux un si grand bienfait.

Car, quoiqu'ils ne veuillent rien refuser à votre éducation, quoique, malgré le malheur des temps, et le bouleversement des fortunes, ils trouvent encore des ressources pour suffire à vos besoins, croyez-vous que les sacrifices qu'ils font seroient toujours proportionnés à leur tendresse, s'ils voyoient que vous ne repondissiez pas à tant de preuves d'attachement? L'amour paternel n'est point à l'abri d'un affoiblissement quelconque, lorsqu'il ne rencontre pas l'amour filial; des services si continus, si multipliés, si pénibles, ne peuvent être payés par une trop grande soumission, une affection trop expansive, un respect trop profond. Une jeune personne qui manqueroit à de si saints devoirs envers ses parens, finiroit par leur être moins chère; et s'il est dans la nature que les pères et mères aiment leurs enfans, il est, quoi qu'on en dise, dans la nature que les enfans aiment leurs pères et mères.

Aussi voyez le mépris dont la société accable une jeune personne qui n'a pas pour ses parens toute l'affection qu'elle leur doit. C'est que la société n'ignore point qu'il n'y a rien d'honnête à férer d'une ame inaccessible aux plus doux sentimens de la nature; et que toute enfant qui ne rend pas ce qu'elle doit aux auteurs de sa vie, ne rendra jamais à qui que ce soit ce qui lui est dû. Mais si l'on rencontre une jeune personne qui remplisse fidèlement les devoirs que la piété filiale lui impose, quelle opinion excellente ne conçoit-on pas d'abord de son cœur? « Tu me
» consulte sur le choix de l'épouse qui
» doit partager ta destinée, disoit un
» jour à un jeune homme un sage
» vieillard; mon ami, jette les yeux
» sur une fille qui se soit distinguée
» par sa tendresse envers ses parens.
» Après t'avoir rendu aussi heureux
» qu'on peut l'être dans l'union con-

» jugale, elle élèvera ses enfans dans
» ton amour; ses enfans transmettront
» aux leurs cet héritage de soins, de
» respect, d'attachement; et la fa-
» mille sera de race en race le séjour
» du bonheur et de l'innocence ».

Lorsque les jeunes gens écoutent avec intérêt les détails de leurs premières années, dit un auteur moderne, c'est rarement pour s'instruire et pour se pénétrer de leurs obligations; ils ne prêtent l'oreille à ces récits que pour assister en souvenir aux commencemens d'eux-mêmes, et pour se contempler en miniature dans le tableau de leur enfance. Ils consentent à être entretenus des sentimens qu'ils ont inspirés de bonne heure; mais ils rapportent tout à leur personne; ils prennent tout pour elle; et l'aveugle prédilection d'un père ou d'une mère ne leur paroît le plus souvent que l'effet inévitable des agrémens dont ils sont doués. Oh! que j'augure mieux de votre ame, jeunes élèves, et que vous ressemblez peu à ces enfans qui, dans le calcul de leurs obligations, laissent en arrière les premières années, pour s'occuper entièrement de l'époque où ils verront leurs destinées entre leurs mains! Les surveillans attentifs de votre enfance, les protecteurs infatigables de votre jeunesse, se présentent à votre mémoire, entourés de tous les bienfaits dont ils ne cessèrent de vous combler; et l'amour les y grave avec des traits si profonds, que ni le temps, ni les passions, ni les égaremens, ne pourront en effacer l'auguste empreinte.

Eh! quelles sont les personnes qui méritent mieux votre affection que celles qui vous ont donné l'existence, et qui l'ont embellie de tous les talens, de toutes les qualités, de tout le mérite qu'il leur a été possible de vous faire acquérir? Vous pourrez trouver dans le monde des amies dont la solidité, les agrémens et la conduite honorent votre choix; vous n'en trouverez aucune dont l'attachement soit comparable à celui d'un père et sur-tout d'une mère : ce cœur est le véritable sanctuaire de l'amour. La nature, plus forte que toutes les passions, l'a formé de ses mains; lui seul sait aimer encore, lorsque depuis long-temps il n'est plus aimé. Il résiste à tout ce que les procédés de l'ingratitude ont de déchirant. Il reçoit avec joie l'enfant que le repentir lui ramène ; et la mort n'a rien qui l'effraie, quand il s'agit de conserver le moindre des siens.

Dans ces derniers temps, un père répond à l'appel que des émissaires d'un tribunal de monstres font de l'enfant qui lui doit le jour ; il se laisse entraîner pour lui devant les juges, et monte sur l'échafaud, content de la méprise qui sauve la vie à son fils. Une mère et sa fille vont être livrées à ces flots qui engloutissent tant de victimes, dans nos départemens désolés. La mère se jette aux genoux des bourreaux, leur demande avec des cris lamentables d'avoir pitié de son enfant; et la joie éclate dans ses yeux mourans, quand on lui annonce que sa fille ne périra point avec elle.

II. Mais à quels caractères connoîtra-t-on si vous êtes vraiment attachées à vos parens? Au respect, à la tendresse, à la confiance, que vous leur prodiguerez dans toutes les circonstances; renouvellez votre attention. Quand on songe que nos parens sont les chefs que la nature, la société, les lois nous ont donnés, et qu'ils exercent en quelque sorte sur nous l'autorité du père universel des hommes, comment peut-on manquer de respect à leurs volontés? La soumission des enfans à leurs parens, dit Adisson, est la base de tout gouvernement et la mesure de celle que le citoyen doit à ses supérieurs; à qui obéira-t-on si l'on n'est pas sou-

mis à son père? Vous connoisez la loi que Moïse avoit donnée au peuple Hébreu : « Si quelqu'un a un enfant re-
» belle, qui ne veuille pas se rendre
» au commandement de son père ni
» de sa mère, et qui, ayant été repris,
» refuse de leur obéir, ils le prendront
» et l'amèneront devant les anciens de
» la ville, et leur diront : Voici notre
» fils qui est un rebelle, qui ne veut
» point nous écouter, et qui méprise
» nos remontrances. Alors, le peuple
» le lapidera, et il sera puni de mort,
» afin que vous ôtiez le mal du milieu
» de vous, et que tout Israël soit saisi
» de crainte en voyant cet exemple ».
Les lois romaines donnoient au père même le droit de faire périr ses enfans, parce qu'elles le considéroient comme le roi de sa famille. Des lois fondées sur une morale plus sage ne permettent plus aux parens d'exercer cet empire souverain ; elles leur défendent

d'user injustement de leur pouvoir, mais elles n'en ordonnent pas moins aux enfans de respecter les volontés de leurs pères : l'intérêt des familles l'exige autant que la tranquillité de l'état. Eh! n'est-il pas juste que nous suivions les guides qui doivent nous conduire; que nous obéissions aux chefs qui doivent nous commander, jamais aux dépens de notre vertu, mais s'il le faut, aux dépens de notre vie? L'autorité d'un père me représente celle d'un Dieu. Quand notre volonté n'est encore qu'aveugle, inconstante, bizarre, que deviendrions-nous si celle de nos parens, éclairée, ferme, raisonnable, ne la redressoit? Tant que nous restons soumis, ils sont nos pères ; dès que nous voulons secouer le joug, ils sont nos maîtres ; et s'il est un âge où l'obéissance cesse d'être une loi, il n'en est point où la déférence ne continue d'être un devoir. En vain aurions-nous des parens quelquefois chagrins, incommodes, injustes, ils sont toujours les auteurs de nos jours; ils ont des momens heureux dans lesquels leur affection l'emporte sur leur humeur. Si notre ame ulcérée ne nous permettoit pas de sentir une tendresse réelle, nous nous respecterions du moins nous-mêmes; nous craindrions de nous déshonorer par des procédés capables de nous attirer le blâme de la société; nous nous ferions un mérite de pardonner les mauvais traitemens que nous recevrions d'une main respectable; nous supporterions en silence des maux auxquels nous ne pourrions remédier; nous nous soumettrions avec courage à la destinée rigoureuse qui voulut, pour un temps, nous rendre malheureux; enfin, nous nous applaudirions des triomphes réitérés que la vertu nous feroit remporter sur nos passions irritées. Est-il rien de plus noble que d'exercer le pardon des injures sur ses parens? Est-il rien qui nous rende plus dignes de l'approbation de notre propre conscience que de savoir vaincre les mouvemens d'un cœur que tout sollicite au ressentiment? La moindre vengeance, exercée de la part d'un enfant contre des êtres aussi respectables, seroit condamnée comme un crime, par toute la société. Quelque tort qu'eussent ses parens, personne ne l'absoudroit de l'espèce de sacrilége qu'il commettroit, en provoquant contre eux ou la mésestime ou l'animadversion de ses semblables; et rien ne le rassureroit contre les remords insupportables qui punissent tôt ou tard d'aussi graves délits.

Et si l'on doit du respect aux volontés de ses parens, n'en doit-on pas à leurs défauts mêmes? Y a-t-il une occasion où l'on puisse se permettre de relever avec ironie ou amertume ceux qu'ils peuvent avoir à se reprocher? L'enfance et la jeunesse apperçoivent aisément ces défauts : elles sont très portées à en faire un sujet de plaisanterie ; la crainte que l'autorité paternelle leur inspire, ne les empêche pas toujours de s'égayer sur les ridicules qu'elles cherchent à lui donner. Oh ! qu'ils sont répréhensibles les enfans qui non seulement commettent de semblables fautes, mais qui, au lieu d'être le lien qui unit leurs parens, cherchent à semer entre eux la discorde; qui, loin de couvrir d'un voile officieux jusqu'à leurs vices, s'ils avoient le malheur d'en avoir, leur supposent des foiblesses pour les diffamer, et ne sentent pas qu'en les accusant, ils se déshonorent eux-mêmes ! Quels que soient les travers de nos pères et mères, il n'est aucune époque où il nous soit permis d'être irrespectueux envers eux. Ils sont nos juges, et nous ne sommes point les leurs. Nous répondons devant eux de notre conduite, et ils ne répondent point de la leur devant nous. Si nul homme ne peut se flatter d'être sans défauts, pourquoi prétendrions-nous que nos parens en fussent exempts? La loi du respect que la nature nous impose à leur égard, doit nous fermer la bouche sur tout ce que nous croyons voir de répréhensible dans leurs actions; et nous nous montrerions aussi coupables aux yeux des hommes qu'aux yeux de Dieu, si nous transgressions cette loi éternelle.

Un des défauts qu'on aime le plus à reprocher aux pères et aux mères, est cette humeur chagrine qui contrarie quelquefois, dans leurs enfans, le goût naturel du plaisir. Cependant, ce défaut-là même ne peut-il pas trouver sa cause dans une ame que des malheurs ont affligée, dans l'inquiétude que leur donne l'éducation et la destinée de leurs enfans? Si, se trouvant à cet âge heureux où son caractère ne doit rien offrir que d'agréable, une jeune personne a de ces caprices qu'il est difficile de supporter, et pour lesquels elle doit demander de l'indulgence, n'est-il pas juste qu'elle excuse le même défaut dans ses parens qui, indépendamment des autres droits qu'ils ont sur elle, méritent un tendre intérêt pour les langueurs, les infirmités et les afflictions qu'ils éprouvent dans la décadence de l'âge? Sans doute, un père et une mère doivent proscrire en eux cette humeur difficile, et montrer au contraire une satisfaction aimable, non seulement en voyant la jeunesse heureuse, mais encore en contribuant à son bonheur. Il n'en est pas moins vrai que lors même qu'ils laissent échapper ces mouvemens d'une sensibilité trop vive, leurs enfans leur doivent le plus inviolable respect, et que rien ne sauroit légitimer ni l'emportement, ni la plaisanterie, ni le mépris que ceux-ci ne craindroient pas de laisser éclater contre une autorité si vénérable.

Quand le ciel veut nous accorder une

de ses plus touchantes faveurs, il fait parvenir nos parens jusqu'à la vieillesse, et nous procure la consolation si douce de leur rendre en attentions, en assiduités, en bons offices, une partie des bienfaits dont ils nous comblèrent dans nos premiers ans. La vieillesse et les infirmités qui l'accompagnent mettent souvent à bien des épreuves tout ce qui l'entoure, il ne faut pas se le dissimuler. Mais avec quel zèle un enfant bien élevé veille sur ses parens parvenus à cet âge! Combien il se félicite d'être auprès d'eux pour les secourir dans leurs besoins! Le sage lui a dit : « Mon fils, soulagez
» votre père dans sa vieillesse et ne l'at-
» tristez pas quand il plaira à Dieu de
» prolonger ses jours; que si vous voyez
» son esprit s'affoiblir, gardez-vous de
» le mépriser, à cause de l'avantage que
» vous avez sur lui. Qu'il est infâme ce-
» lui qui abandonne son père! Qu'il est
» maudit de l'Eternel celui qui aigrit

» l'esprit de sa mère »! Pénétré de ces effrayantes paroles, et plus encore du respect qu'il doit à ses parens, il ne se lasse point de la longueur de la vie dont la fin doit le mettre en possession des biens héréditaires, ni d'une vieillesse naturellement à charge aux jeunes gens. Plus cette vieillesse est foible, douloureuse, infortunée, plus il redouble de patience, d'égards, de soins; et s'il ne peut prolonger les jours des parens auxquels il doit les siens, il sème de tant de fleurs les avenues de leur tombeau, qu'il leur en dérobe, pour ainsi dire, la triste image.

Car, jeunes élèves, la piété filiale n'est pas dans nos cœurs un sentiment oisif dont rien au dehors n'annonce l'existence, et que des circonstances extraordinaires soient seules capables de mettre en activité; c'est un sentiment dont rien ne peut éteindre l'ardeur, et qui, non seulement saisit, mais fait naître les occasions de prouver à nos parens l'affection intime dont nous nous sentons animés pour eux. En vain les assure-t-on de sa tendresse et se fait-on gloire de les aimer ; si notre conduite journalière n'atteste notre amour, toutes nos assurances sont des mensonges, et notre conscience dément nos aveux; mais qu'on les chérisse réellement, et de la tendresse que tout nous fait un devoir d'éprouver..... pas un de nos regards, de nos mouvemens, de nos gestes, qui ne l'annonce; notre ame est tout entière dans nos actions; les moindres égards, les plus petites attentions, les soins les plus légers, un embrassement, une prévenance, un rien, leur en dit plus que toutes les protestations de l'éloquence; et le silence même a son expression.

O mère, que j'aimois tant et que j'ai perdue! toi, qui m'avois comblé, depuis ma naissance, de tous les biens que peut réunir sur une tête filiale la bienfaisance et l'amour! je ne te disois pas souvent que mon cœur brûloit de reconnoissance pour toi; mais au respect qui m'abaissoit devant tes vertus, à l'attention avec laquelle j'écoutois tes leçons, à la sensibilité que je te montrois en recevant tes bienfaits, à la joie que j'éprouvois quand tu me pressois sur ton sein, tu sentois que je te chérissois mille fois plus que moi-même, et que j'aurois, avec transport, donné ma naissante vie pour conserver tes jours précieux!...... Et toi, qui me fus ravi lorsque j'échappois à peine aux lisières de l'enfance; toi, dont je me rappelle bien plus les vertus que les traits, ô mon père, le plus vrai, le plus aimable, le meilleur des hommes! combien de fois, en entendant parler de ta tendresse pour ta nombreuse famille, ai-je senti mon visage mouillé de pleurs!

Jeunes élèves, écoutez. Après avoir perdu sa respectable épouse, un père étoit resté sur la terre avec une fille unique; et, né opulent, mais devenu pauvre, il n'avoit pour exister d'autre ressource que la palette de son enfant. Accablé de chagrins, d'années, et de travaux, cloué sur un lit de douleur, ne pouvant changer de situation qu'avec des déchiremens cruels, l'infortuné n'avoit pour toute garde, pour toute consolation que sa fille... Mais quel empressement, quel zèle infatigable dans cette jeune personne et que l'amour filial a d'énergie quand il n'a été corrompu par aucun vil sentiment! On voyoit cette fille incomparable, les yeux fixés sur l'auteur de ses jours, dans ce profond silence qui attend l'expression d'un désir, prête à voler au moindre signe, et transportée d'espoir d'une guérison prochaine, dès que le malade assuroit que ses maux étoient moins cruels. Avant qu'il eût ouvert la bouche, elle savoit ce qu'il souhaitoit; elle devinoit le service qu'il falloit lui rendre; elle prévoyoit même l'instant où la douleur devenoit plus aiguë, afin d'en abréger du moins les accès; tantôt élevant la tête du vieillard sur un oreiller qu'elle plaçoit avec adresse; tantôt essuyant légèrement sur son visage vénérable la sueur froide qui le couvroit: il se plaignoit, vaincu par ses souffrances, et elle adoucissoit ses souffrances par le témoignage des plus doux sentimens. Elle lui parloit de cette vertueuse épouse dont le portrait chéri reposoit sur son sein ; un instant de tranquillité, qu'elle pouvoit lui procurer par des soins inexprimables, causoit à son ame une indicible contentement ; et reprenant alors le pinceau qui suffisoit à leur entretien, sans cesser, pour ainsi dire, de fixer ses regards sur son père, elle achevoit ces tableaux pleins de grace qui faisoient les délices de tous les yeux. Aussi, avec quel attendrissement ce bon père regardoit sa fille! De quelle consolation tant

de

DE MORALE. 97

de services toujours empressés, jamais importuns, pénétroient son cœur! Dans certains momens, il remercioit le ciel de lui avoir laissé une enfant aussi tendre, et le supplioit de répandre sur elle ses plus abondantes bénédictions; dans d'autres, il levoit ses mains défaillantes, et, les posant sur la tête de sa fille, il la bénissoit lui-même au nom de l'Eternel. Jeunes élèves, le vieillard dont je viens de parler a cessé d'être, mais la nouvelle Antigone, qui le soigna pendant si long-temps, vit encore:

Tant qu'il existera des pères malheureux,
Son nom consolateur sera sacré pour eux.

Cependant si, près de ce tableau touchant, nous placions celui dont on ne rencontre que trop souvent le modèle, de quelle indignation votre cœur ne seroit-il pas agité? J'entre dans une maison où le premier objet qui se présente à ma vue est une femme, privée de la clarté des cieux, parmi des

L. 5

animaux beaucoup mieux traités qu'elle. Ses cheveux blanchis par le temps, son corps usé par les travaux, son front où semble résider la sagesse, me pénètrent de respect. Le chagrin est tellement empreint sur son visage flétri, que je ne puis m'empêcher de lui en demander la cause : ah! me répond-elle avec une affliction profonde, pourquoi la providence n'a-t-elle pas encore tranché le fil de mes jours ? Je prie à tout moment l'Eternel de me retirer de ce monde, où je ne puis plus me rendre utile à ceux que je chéris toujours ; où l'on me donne à regret jusqu'au pain que j'arrose de mes pleurs ; où, après m'être dépouillée de tout en faveur de mes enfans, j'obtiens à peine d'eux un vêtement grossier dans la saison rigoureuse, et où tant de fois, avec des termes injurieux, on insulte à mes vieux ans. Si je me permets un mot indifférent, on me ferme la bouche ; si je fais quelques représentations, elles sont traitées d'enfance; si je me plains de mes douleurs, on me souhaite la mort. Vous paroissez ému de tant de rigueurs; je rends grace à votre bienveillance; mais vous ne feriez qu'aggraver mes peines, si vous alliez trahir l'aveu que ma confiance vous en a fait.

Vous qui traitez d'une manière si outrageante des parens que leur vieillesse vous rend inutiles, direz-vous, s'écrie un homme de bien, qu'ils ne vous rendent plus aucun service? ils vous en ont rendu; qu'ils ne vous défendent plus? ils vous ont défendu; qu'ils ne se jettent plus avec vous dans la mêlée pour y seconder vos passions hostiles? mais ils étoient seuls; ils étoient sans vous, quand ils ont garanti votre jeune âge de tant de dangers et de tant d'écueils: c'est à regret encore aujourd'hui qu'ils ne peuvent plus vous suivre. Est-ce à vous de les avertir de leur affoiblissement?

est-ce à vous de les punir par votre dédain, ou par un cruel abandon ? Hélas ! ils craignent déjà de vous être à charge; leurs goûts ne sont plus les vôtres ; leurs pensées ne sont plus vos pensées : ils descendent de cette colline où vous montez avec une pleine confiance, et leurs pas ne peuvent plus marquer ni précéder les vôtres. Rassurez-les, ou bientôt ils seront reservés et discrets ; ou rassurez-les, ils en ont besoin. Forcez avec respect ce noble sentiment, cette sainte pudeur d'un père qui n'exige rien, qui ne demande rien au nom de ses bienfaits, et qui hésite peutêtre à faire l'abandon d'une supériorité dont il a depuis si long-temps l'habitude. Entrez avec ménagement dans un cœur où vous avez régné jusqu'à présent par l'amour, et qu'un empire nouveau peut si facilement blesser. Que vos soins paroissent toujours purs et désintéressés, et que votre reconnoissance elle-même cette liberté, cet abandon qui annoncent un sentiment naturel : fût-elle pour vous une servitude, pleurez de la trouver telle; et pourtant, payez cette dette. Combien vous auriez à rougir vous-même, si vous calculiez l'âge de vos parens, et si vous attendiez avec impatience l'époque de votre affranchissement. Vous feriez, nous le croyons, des efforts pour soustraire votre conduite à l'influence de vos sentimens secrets; mais les actions se commandent une à une, et les vides ne peuvent être remplis que par l'affection. Si vous négligez aujourd'hui ces devoirs sacrés; demain peut-être il ne sera plus temps de les remplir; demain des regrets inutiles vengeront dans votre cœur ingrat la nature et l'humanité méprisées ; et les noms touchans de père et de mère ne se présenteront plus à votre pensée que suivis d'amertume et de repentir.

Un jeune homme placé à l'école mililaire n'y mangeoit que de la soupe, du pain sec, et n'y buvoit que de l'eau. Le Gouverneur, instruit de ces privations étranges, le fait appeler, et lui en demande la raison. — Hélas! monsieur, dans la maison paternelle, je mangeois du pain noir et en petite quantité, et nous n'avions que de l'eau à boire. Ici je mange une bonne soupe, le pain est excellent et à discrétion; c'est bien assez pour moi qui me souviens toujours que mon père et ma mère, d'un âge déjà très-avancé, sont dans la plus affreuse indigence. — Votre père n'a-t-il point de pension? — Non; pendant un an il en a sollicité une; mais n'ayant pas le moyen de prolonger son séjour à Versailles, il est retourné chez lui sans l'obtenir. — Elle va lui être accordée, reprend le Gouverneur, et en attendant, recevez vous-même ces trois louis pour vos menus plaisirs. — Ah! monsieur, ajoutez ces trois louis à la pension ; ayant ici tout en abondance, ils me seroient inutiles, et ils seront d'un grand secours à mon père pour ses autres enfans... Voilà, jeunes élèves, comme on se comporte quand on aime les auteurs de ses jours. C'est à de pareils traits qu'on reconnoît les véritables affections de notre ame. Tout sentiment que rien n'annonce dans la conduite, ou n'exista jamais, ou n'existe plus.

Et combien d'autres traits pourrois-je vous citer? Au milieu du dernier siècle un détachement des troupes du roi fut envoyé contre une assemblée religieuse qui se tenoit à une lieue de Nîmes. Le détachement fit plusieurs prisonniers ; les hommes furent condamnés aux galères, les femmes à la réclusion. Le jeune Fabre, fils de l'un des condamnés, se trouve sur la route où passoit la chaîne, gagne le conducteur avec de l'or, et prend la place de son vieux père. Couvert de ces fers honorables, il reste pendant six ans aux galères, et il y seroit mort, si monsieur de Mirepoix, gouverneur du Languedoc, touché de sa piété filiale, n'eût obtenu sa délivrance.

De l'amour filial naît la confiance. Eh! quelle confiance fut jamais mieux placée que celle qu'on témoigne à ses parens? Avons-nous sur la terre un ami plus sûr que notre père, une amie plus tendre que notre mère? Ne sont-ils pas l'un et l'autre aussi intéressés à notre bonheur, à notre réputation, que nous-mêmes? Quand il s'agit de ces biens précieux, y a-t-il une amie, quelque affectionnée qu'elle puisse être, qui osât disputer avec eux de zèle et d'attachement? Un enfant ne subsiste que par ses parens, dépend d'eux, vient d'eux, leur doit tout; ils n'ont rien qui leur soit si propre; et une mère ne sépare point l'idée de sa fille de la sienne,

DE MORALE. 105

à moins que sa fille n'affoiblisse cette union par quelque contradiction. Comment dans chaque circonstance de la vie de cette enfant, la mère n'en désireroit-elle pas le bonheur ? Et d'après l'intime persuasion qu'il n'y a personne dont les intérêts soient si chers à la mère que ceux de sa fille, comment la fille ne consulteroit-elle pas sa mère dans toutes les occasions ? Vous chercheriez vainement quelqu'un dans le sein de qui vous pussiez déposer avec plus de confiance les secrets de votre cœur. On pourroit vous témoigner beaucoup d'affection ; mais soyez sûres que la personne la plus attachée à votre bonheur ne vous donnera jamais d'aussi salutaires conseils que ceux qui sortiront de l'ame de votre mère, parce que personne ne peut vous aimer comme elle vous aime, et que, quelque démarche que vous fassiez dans le monde, elle en partage nécessairement le blâme ou l'honneur.

Et ne pensez pas que, lorsque vous aurez à confesser à vos parens quelque négligence ou quelque faute, vous ayiez à redouter de leur part la voix du reproche ou la honte de la punition. Songez que le naïf aveu de vos torts ne peut que les attacher à vous davantage, et que ces torts, toujours moins pénibles à avouer qu'à taire, sont réparés, oubliés même, dès l'instant que vous les avez déposés dans leur sein. Croyez que le spectacle présenté par une mère et une fille dont l'amour et la confiance cimentent la douce union, est le plus ravissant tableau que puisse nous offrir l'intérieur des familles ; et soyez bien convaincues que votre éducation est infructueuse si elle ne fortifie pas en vous ces deux sentimens. Aussi, je crains tout pour une jeune personne qui, sans nulle confiance en sa mère, cherche à lui dérober la connoissance de ses actions, quelles qu'elles puissent être; il est impossible que, malgré la prudence qui la surveille, elle marche constamment dans le bien; mais qu'on m'assure que telle fille n'a rien dans son ame qu'elle ne confie à ses honnêtes parens, j'ose répondre de sa conduite, et affirmer que dans aucune circonstance de la vie elle ne sortira de la route honorable de la vertu.

Enfin, un dernier caractère auquel on reconnoîtra si la piété filiale est réellement au fond de vos ames, c'est l'empressement que vous mettrez à vous rendre, dès votre jeune âge, capables de vous acquitter un jour envers vos parens. Vous sentez les obligations que vous avez déjà contractées, et que vous contractez journellement avec eux. J'augure trop bien de vos cœurs pour ne pas penser que vous brûlez de satisfaire à une dette aussi sacrée; et je suis certain que vous vous transportez d'avance au temps où, revenues dans vos familles, vous pourrez leur procurer toutes les jouissances qu'une fille sensible donne aux auteurs de ses jours. Mais savez-vous que pour leur ménager ces douces jouissances, il faut que vous profitiez de l'éducation que vous en recevez aujourd'hui ? Que si, dès aujourd'hui, vous n'exercez pas votre raison, vous ne formez pas votre cœur, vous ne cultivez pas vos talens, jamais vous ne serez en état de leur témoigner votre reconnoissance pour les soins qu'ils vous donnent; et qu'au lieu d'être leur consolation, vous ferez un jour leur malheur ? Voyez cette terre qu'un cultivateur habile travaille sans relâche, et dans le sein de laquelle il sème ce grain précieux qui doit lui donner la joie avec l'abondance, au temps heureux de la moisson; si cette terre, au lieu de féconder le grain par sa chaleur vivifiante, la laissoit périr dans d'inutiles sillons, croyez-vous que, le moment de la récolte arrivé, les greniers du cultivateur se rempliroient de richesses, et qu'il fût dédommagé de toutes les peines qu'il s'étoit données pour suffire à la subsistance de sa famille pendant les jours rigoureux ? Vous ne porteriez pas des fruits plus abondans, jeunes Élèves, si, laissant égarer en cet instant les semences heureuses de votre éducation, vous renvoyiez à un autre temps, le soin de former et votre esprit et votre ame. Le plaisir que goûteront vos familles, à votre retour dans la maison paternelle, seroit bientôt troublé par le chagrin de vous trouver presqu'aussi peu avancées que lorsque vous en êtes sorties ; que dis-je ! avec des défauts que vous n'aviez peut-être pas auparavant.

Mais je m'arrête à vous marquer les motifs et les caractères de la piété filiale, comme si vous aviez besoin qu'on insistât sur l'intérêt qui vous presse de remplir un devoir si essentiel! Quelle est donc celle de vous qui n'aime pas son respectable père, sa tendre mère, et qui ne sente que si, par des procédés indignes, elle affoiblissoit leur tendresse, rien ne pourroit la dédommager de la perte d'un si grand bien ? Vous êtes pénétrées des soins que vos parens ont pris de votre enfance, et vous voyez les secours qu'ils vous procurent afin d'assurer le succès de votre éducation. Vous leur persuaderez par votre respect, par votre confiance, par vos progrès, que votre gratitude pour eux est sans bornes, et que l'époque la plus intéressante de votre vie sera celle où vous pourrez leur prouver, autrement que par des paroles, que vous n'étiez pas indignes de tous les sacrifices qu'ils ont faits à votre bonheur.

Entrons ensemble dans cette maison patriarchale, au milieu de laquelle habitent la sagesse, l'amour, la confiance; pourriez-vous ne pas vous écrier avec un philosophe du dernier siècle : *Quelque chose de divin habite ici!* Quelle différence de ces familles rassemblées par la nécessité, où le morne silence règne, si la bruyante discorde ne le trouble point; où des époux, des enfans, des frères ne s'envisagent que comme des ennemis qui se craignent, et où l'on découvre dans la contrainte de tous la peine qu'ils ont de se rencontrer? Ici, quelle tendresse! quelle effusion! quelle sage et douce liberté! Respect, aménité, déférence, vertus de tous les instans; ordre dans les études, dans les amusemens, dans les travaux; union sincère, parfaite obéissance, inaltérable paix. On ne se sépare qu'avec regret, on ne se réunit qu'avec transport; le père ne connoît pas de joie plus pure que celle de vivre au milieu de ses enfans; sa famille est son univers; la mère ignore auprès d'eux s'il en est une dans le monde qui soit plus heureuse qu'elle ; vous diriez que le bonheur est descendu des cieux.

Et quand un si vertueux père touche à ses derniers momens, combien l'emploi qu'il en fait est précieux aux ames sensibles! Que de pleurs il leur fait verser dans les derniers avis qu'il donne à sa famille éplorée, immobile, et rangée en silence autour de son lit de mort ! « Approchez de plus près, mes enfans, » que j'épanche encore une fois mon » cœur dans votre sein ; venez recevoir » ma bénédiction, recueillir les restes » d'une vie prête à s'éteindre; mes derniers plaisirs sur la terre sont aussi » mes derniers devoirs. Vous allez vous » trouver au milieu d'un monde où tout » est danger. Il me semble que, lorsque » j'aurai cessé de vivre, ces dangers se-

» ront plus formidables ; souvenez-vous
» de mes craintes et de mes désirs. L'u-
» nion, la paix, une éducation solide,
» voilà les biens que j'ai dû vous laisser.
» J'ose en croire un heureux espoir, vous
» conserverez cet héritage, et vous le
» transmettrez à votre postérité.... Pour-
» quoi vous affligez-vous ? Non, mes
» amis, non, mes enfans, je ne vous
» quitte pas ; je reste avec vous. En vous
» laissant tous unis, mon esprit, mon
» cœur, vous demeurent ; et si, par vos
» vertus, vous honorez ma mémoire,
» vous vous sentirez sans cesse environ-
» nés de moi.... O vous qui m'avez com-
» blé de tant de bienfaits pendant ma
» vie, et me donnez une espérance si
» consolante à ma mort, je le sais, je
» m'en réjouis, je vais me trouver au
» pied de votre trône ; et mon ame,
» libre de sa dépouille, va vous offrir
» cet immortel hommage qui doit à ja-

» mais faire mon bonheur. J'ai mani-
» festé vos grandeurs à des créatures
» qui vous étoient chères; j'ai conservé
» ceux que vous m'aviez donnés : à
» présent que je viens à vous, gardez-
» les en votre nom. Je leur ai enseigné
» vos lois augustes; c'est à vous à les
» leur faire aimer. Je ne vous prie point
» de les enlever au monde; mais de les
» détourner du mal. Réunissez-les au
» sein de la vérité; qu'ils n'y soient
» qu'un cœur et qu'une ame; mettez-
» les à couvert à l'ombre de votre bras!
» Mon désir est que vous les placiez en-
» fin avec moi; que, dans cette grande
» journée où vous prononcerez sur la des-
» tinée du genre humain, je puisse vous
» dire: *Me voici, Dieu tout puissant,*
» *avec les enfans que j'avois reçus de*
» *votre bonté paternelle; aucun d'eux*
» *n'a péri!*.....» Alors, comme un doux
sommeil, la mort vient fermer ses yeux.

Son ame s'envole au sein de la divinité; de ce séjour immortel il veille constamment sur sa famille, et son esprit, que tout y rappelle encore, y laisse des imitateurs de ses vertus.

DISCOURS

SUR LES DEVOIRS DES JEUNES PERSONNES ENVERS CELLES QUI CONCOURENT A LEUR ÉDUCATION.

> Écoutez les conseils et recevez les leçons des personnes qui vous instruisent, afin que vous parveniez à la sagesse.
>
> SALOMON.

Dans notre dernier discours nous vous apprîmes, jeunes élèves, ce que vous deviez à ceux de qui vous tenez la vie; et les différentes analyses que vous avez faites de ce discours, prouvent que nous parlâmes à des âmes pour qui la piété filiale est le devoir le plus doux. Aujourd'hui un sujet non moins intéressant va nous occuper. Nous tâcherons de vous apprendre ce que vous devez à ceux qui concourent à l'éducation qu'on vous donne; et nous vous inviterons par tous les motifs que votre intérêt nous suggère à remplir fidèlement envers eux vos obligations.

D'après les dispositions heureuses dans lesquelles tout nous porte à vous croire, que n'avons-nous pas à espérer de nos efforts? Il nous semble déjà vous voir plus attentives à répondre aux bontés des personnes auxquelles on vous a confiées, et marquer mieux votre amour pour elles en appréciant davantage leurs soins pour vous.

Hommes et femmes respectables, dont nous rappellerons les travaux dans ce discours, votre modestie doit quelques sacrifices à vos élèves, et vous avez assez de vertu pour entendre la vérité.

Quelles sont les personnes qui concourent à votre éducation? l'institutrice qui vous élève; les maîtres qui vous instruisent; les domestiques qui vous servent. Or quels sont vos différens devoirs envers eux? nous allons vous les présenter, avec l'espoir de vous les rendre aimables; suivez-les avec le désir de les bien connoître pour les remplir.

1°. Une institutrice !.....quel état! que de talens, que de vertus cette fonction sublime demande, et qu'on est heureuse quand on les rencontre dans la personne qui veut bien se charger de nous élever! Si elle ne témoigne de la tendresse, elle ne fera pas naître l'amour; si elle n'oppose de la fermeté, elle n'inspirera pas la crainte; si elle n'a de la bonté, elle n'attirera pas la confiance; si elle ne conserve de la gravité, elle n'entretiendra pas le respect. Sans autorité, comment tenir dans la soumission? sans facilité, comment adoucir la dépendance? Avec de la complaisance il est si difficile de retenir! avec de la rigueur il est si aisé de décourager! Douceur qui punisse, sévérité qui pardonne, vigilance qui dissimule, distraction qui apperçoit tout;

discours qui instruisent, exemples qui persuadent, récompenses qui encouragent, punition qui n'irrite pas; tantôt enhardir un esprit timide, tantôt réprimer un esprit bouillant; quelquefois attendre un esprit volage, souvent prévenir un esprit heureux; un caractère sombre, l'accoutumer à la confiance; un caractère facile, le rendre circonspect; un caractère rampant, l'élever; un caractère fier, l'assujettir: l'une est insensible, il faut l'attendrir, l'autre est jalouse, il faut la calmer; celle-ci est douce, il faut la conduire par la bienfaisance; celle-là est indocile, il faut la captiver par la terreur.... Je le répète, que de mérite il faut à une institutrice pour former de bonnes élèves, ou plutôt quel mérite ne lui faut-il pas?

Les qualités qu'exige un aussi difficile emploi, le ciel les a réunies dans votre respectable amie. L'éducation qu'elle vous donne est le fruit d'une vie entière

ment consacrée à les perfectionner. Elle s'est dit à elle-même : « Guider dans la
» route du bonheur des créatures foi-
» bles et ignorantes ; leur apprendre à
» faire un bon usage de leurs forces ;
» contribuer au développement des fa-
» cultés et des précieuses dispositions
» dont elles sont douées ; garantir de
» l'erreur et du vice ces êtres innocens,
» mais exposés à mille dangers et à
» mille séductions ; jeter dans leurs
» jeunes cœurs, encore ouverts à toutes
» les impressions, des semences de vé-
» rité, de sagesse, de vertu ; cultiver et
» fortifier de plus en plus les heureuses
» dispositions qui commencent à ger-
» mer en eux ; leur faire connoître leur
» destination présente et future, et les
» mettre en état de l'atteindre ; les éloi-
» gner des sources empoisonnées de la
» dissipation, de l'ennui, du chagrin,
» et leur ouvrir celles de la sagesse, du
» contentement, et de la joie ; ô ! quelle
         » noble,

» noble, quelle sublime occupation ! Pé-
» nétrez-moi, grand Dieu, de son impor-
» tance, afin que je m'en acquitte avec
» un zèle qui en assure le succès »!

Aussi avec quel soin elle observe les progrès insensibles de votre esprit, apprend à vos jeunes idées à se développer, étudie vos différens caractères, et dirige vos penchans d'après la connoissance de votre cœur! Quel heureux mélange d'affection et de prudence elle emploie pour aider en vous la nature sans la forcer, ouvrir l'intelligence sans la précipiter, exercer la mémoire sans la fatiguer, former les manières sans les contraindre, cultiver le talent sans l'enorgueillir!

Ici je la vois excitant en vous une louable émulation, prenant soin d'écarter d'elle toute apparence de partialité, cherchant à convaincre son troupeau bien-aimé que toutes lui sont également chères; mais lui montrant que la plus sage a le plus de droits à son affection. Là je l'admire se prêtant à l'innocence de vos amusemens, vous ménageant tous ceux qui peuvent s'allier avec vos devoirs, souriant à celle de vous qui dans sa gaîté se montre la plus aimable, et mettant à profit jusqu'à vos défauts mêmes pour vous faire croître en mérite et en perfections. Par-tout je reconnois en elle auprès de vous une mère dont la tendresse est d'autant plus précieuse, qu'elle n'est mêlée d'aucune foiblesse, et que le bonheur de vous rendre heureuses est la seule ambition de son cœur.

Et vous n'auriez pas pour cette amie le respect qu'on doit à la vertu, la gratitude qu'on doit à la bienfaisance, la confiance qu'on doit à l'amour! Quand elle vous invite au travail, vous ne redoubleriez pas d'application! Quand elle vous représente vos fautes, vous ne seriez pas déterminées à vous corriger! Lorsqu'elle vous engage à marcher avec elle dans le chemin de la vertu, vous hésiteriez à la suivre! Lorsqu'elle est forcée à punir vos négligences vous en conserveriez de l'humeur!... Ah! songez qu'il n'est aucune de ses démarches qui n'ait pour but votre avancement; que nuit et jour, occupée de vous, elle n'est dédommagée de ses peines que lorsque vous y répondez par vos progrès; qu'exerçant auprès de vous tous les droits de mère, elle vous regarde toutes comme ses enfans; que le temps le plus difficile pour elle est celui où vous ne profitez pas de ses soins pour vous; et que son espérance, au milieu de la vie infiniment pénible qu'elle est obligée de mener, est de vous voir heureuses un jour au sein des parens dont vous serez la félicité tout entière.

Une jeune personne avoit été gâtée par une mère qui ne savoit pas assez qu'une bonne éducation nous rend vertueux et aimables, une éducation négligée insupportables aux autres et à nous.

Qui pourroit dire jusqu'à quel point cette fille ainsi élevée étoit devenue capricieuse, vaine, indocile? Quel portrait odieux vous présenterois-je si je voulois vous peindre les travers de son esprit, les inégalités de son caractère, les défauts de son cœur? Il suffira que vous sachiez qu'à dix ans elle faisoit le malheur de sa famille, et que personne ne pouvoit la voir sans gémir sur le sort qui la menaçoit.

Tout aveuglée que sa mère étoit par un fol amour, elle sentit enfin qu'il lui étoit impossible de réparer elle-même la faute énorme qu'elle avoit commise, et qu'il falloit absolument qu'elle confiât sa fille à une institutrice et moins foible et plus éclairée, si elle ne vouloit pas que sa méprise eût les plus fâcheux résultats. On fit l'éloge d'une maison d'éducation gouvernée par les lois que vous suivez ici. Elle se décida à y placer la jeune Sophie; et la sage institutrice qui présdoit à cette maison se chargea d'elle sous la condition expresse qu'il ne seroit question de sortie qu'après une année d'amendement. Figurez-vous l'étonnement de Sophie, quand éloignée d'une famille, où elle traitoit tout le monde avec tant d'empire, elle arriva dans un établissement où son premier devoir fut d'obéir. S'affliger, pleurer et se plaindre, fut l'occupation unique des premiers temps. Mais enfin, gagnée par l'affection de son institutrice, entraînée par l'exemple de ses compagnes, elle ne pensa plus qu'à profiter de son éducation. Une obéissance sans réplique, une docilité sans humeur, une émulation sans vanité, une application sans inconstance, la conduisirent à des progrès étonnans. Rentrée dans sa famille, elle y offrit le spectacle de toutes les qualités aimables, et le modèle de toutes les solides vertus. Unie à un époux dont elle fit le bonheur, mère de deux filles qu'elle éleva elle-même avec le plus grand succès, elle entretint avec son institutrice un commerce si précieux, qu'elle en préféroit les douceurs à tous les plaisirs du monde; et quand cette respectable amie, ayant éprouvé des malheurs, se vit abandonnée de tous ceux à qui elle avoit rendu des services, elle la fit consentir à venir recevoir chez elle les soins que la fille la plus tendre peut rendre à celle de qui elle a reçu le jour.

Voilà comme on se conduit envers son institutrice, lorsqu'on veut sincèrement mettre à profit l'éducation que l'on en reçoit. Malheur à vous si, ayant l'avantage de trouver dans la vôtre le vertueux talent que Sophie rencontra dans la sienne, vous n'aviez pas pour elle les mêmes sentimens!

II. Mais si vous avez des devoirs envers l'institutrice qui vous élève, n'en avez-vous pas envers les maîtres qui vous instruisent; et votre ame sensible et bonne se refuseroit-elle à la douceur inexprimable qu'on goûte en les remplissant? Parmi ces professeurs, l'un vous apprend les règles du langage, la division de la terre, l'histoire des peuples; de quelle assiduité, de quelle instruction, de quelle patience n'aurions-nous pas à le louer? L'autre vous enseigne l'art et le goût du chant; seroit-il aisé de trouver parmi les grands maîtres un artiste plus habile et plus honnête que lui? Celui-ci affermit votre jeune main sur l'instrument dont une maîtresse intéressante vous a déjà donné les principes; sa douceur, sa complaisance, sa modestie laissent-elles quelque chose à désirer? Celui-là dirige votre crayon dans la copie des modèles qu'il vous présente; quel est le dessinateur dont le talent, pour former des élèves, lui soit supérieur? Le maître même dont vous aimez le mieux les leçons parce qu'elles sont plus conformes à la vivacité de votre âge, ne vous les donne-t-il pas avec cet intérêt, cette décence qui sont si estimables dans la profession de son art? aucun des instituteurs que la sagesse de votre amie a mis auprès de vous, qui n'ait les qualités nécessaires à la partie qui lui est confiée? Et il seroit difficile de trouver dans une maison, semblable à celle où vous êtes, une réunion plus précieuse de personnes capables de vous conduire à de solides progrès.

Je ne vous ferai pas l'injure de vous demander pour tous ces maîtres les égards, les attentions, le respect, l'attachement, la reconnoissance que l'on doit au mérite, à la bienveillance, au talent. Vous êtes trop bien nées pour ne pas sentir que manquer à de telles obligations seroit de votre part une injustice extrême, et que l'opinion publique qui influe tant sur le bonheur individuel, même à votre âge, ne vous pardonneroit aucune faute à cet égard. Mais une récompense plus doucé pour eux, plus précieuse pour vous, et que vous ne pouvez leur ravir sans les affliger de la manière la plus sensible, c'est l'émulation que doivent exciter dans votre ame les soins touchans qu'ils donnent à votre instruction ; que leur importeroient les sentimens mérités dont vous leur feriez hommage, si vous négligiez de profiter de leurs leçons ? Accoutumés qu'ils sont à recevoir de tout ce qui a l'avantage de les connoître le tribut d'estime qui leur est dû, celle qu'ils obtiennent de vos cœurs n'ajoute rien à la considération dont ils jouissent; et si vous la leur refusiez, ce seroit vous qui seriez à plaindre, et non pas eux.

Il n'en est point ainsi de l'application qu'ils ont droit d'attendre de votre part, d'après les peines qu'ils se donnent pour vous instruire, et sur-tout l'intérêt qu'ils mettent à vos progrès. Ces progrès sont nécessaires à leur jouissance bien plus qu'à leur réputation : la satisfaction que

6 *

leur procurent les nombreuses élèves qui répondent à leurs efforts seroit troublée par le chagrin que leur causeroit votre négligence; et vous auriez le malheur de semer des épines sur leur vie, tandis qu'ils ne s'occupent qu'à répandre des fleurs sur vos jours.

D'ailleurs, savez-vous bien qu'il est de leur honneur de soutenir la considération que cette maison a déjà acquise, et que ce n'est qu'en les aidant de toute l'émulation dont vous êtes capables, que vous pouvez les faire parvenir à ce but? Voudriez-vous qu'on dît dans le monde que vos maîtres, qui par-tout ailleurs forment des élèves dignes d'eux, ne trouvent ici que des sujets ineptes? Ne seriez-vous pas honteuses de rester ignorantes sous des professeurs dont les lumières et l'habileté bien connues ont par-tout ailleurs des succès constans? Le plus essentiel de vos devoirs envers eux, celui que nous vous recommandons le plus instamment, c'est une application si vive, si soutenue aux différentes leçons qu'ils vous donnent, qu'elle vous conduise chaque jour à de nouveaux progrès. Sans cette application vous deviendriez le sujet de leurs inquiétudes, au lieu d'être l'encouragement de leurs travaux; vous les empêcheriez de faire de ce lycée le séjour des vertus, des graces et des talens; vous les arrêteriez dans les mesures qu'ils avoient prises pour le rendre digne de son institution; vous vous opposeriez à ce que l'instruction qu'ils y donnent ne fût citée comme une des meilleures qui existent; vous détruiriez tout le charme de leurs projets.

Et si je vous disois que non seulement leur intérêt, mais votre existence peut-être, tient au succès avec lequel vous recevrez leurs leçons; que, bien qu'une femme honnête ne doive chercher son bonheur et sa gloire que dans l'intérieur de sa maison, il est cependant des circonstances où les talens agréables deviennent pour elle la ressource la plus utile; et que cette seule considération, quand il n'y en auroit pas une infinité d'autres, devroit vous porter à ne rien omettre pour les acquérir.

Vous êtes bien jeunes assurément, mais il en est sans doute parmi vous qui ne connoissent que trop le renversement des fortunes en France, et la détresse où se virent plongées des personnes qui vivoient dans l'opulence avant les derniers évènemens. Combien de ces personnes auroient été obligées de traîner une vie affreuse si, par des talens acquis à l'âge où vous êtes, elles ne s'étoient procuré l'honorable moyen d'exister aujourd'hui! Par l'habitude du travail, non seulement elles se suffisent à elles-mêmes, sans service étranger, mais pourvoient à leurs besoins; et elles sont réduites à la pauvreté sans l'être à la dépendance. Pour vous citer à ce sujet des exemples, je n'aurois que l'embarras du choix. Dans toutes les classes de citoyens je vous montrerois des gens, accoutumés à une aisance que ne traversoit aucun besoin, obligés d'exercer une profession quelconque pour fournir à leur subsistance; heureux d'avoir acquis dans leur jeunesse les connoissances indispensables à cette profession! Eh! qui vous a dit que des malheurs aussi imprévus ne vous réduiront pas à des nécessités aussi graves? Qui peut vous assurer qu'à la suite de tant d'autres, vous ne serez point obligées à chercher un jour dans le prix de vos ouvrages des ressources à vos besoins? Supposez-vous alors n'ayant pas profité des leçons qu'on vous donne, sans aucun des talens qu'il vous est si facile d'acquérir, quels seront vos moyens? Ah! si la constitution actuelle n'a pas dit aux enfans des deux sexes: *Vous apprendrez un art, un métier*, c'est que le législateur a pensé qu'ils sauroient se ménager des ressources dans les devoirs mêmes que leur impose la prudence, et que les évènemens qui viennent de se passer en France seroient une leçon que nul d'eux ne pourroit oublier.

Ecoutez ce trait qui vous fera mieux sentir ce que nous venons de dire, et dont nous pouvons vous garantir la vérité. Deux sœurs nées dans une maison opulente furent élevées par une mère qui leur donna les meilleurs maîtres de cette grande cité. L'aînée fit des progrès si rapides dans le dessin, que jeune encore elle composa des ouvrages admirés des connoisseurs eux-mêmes; la cadette prit, dans tous les genres, ses leçons avec tant de négligence, qu'à vingt ans elle avoit tout oublié. La révolution éclate. Elles quittent la France, et vont l'une en Allemagne, l'autre en Suisse, se mettre à l'abri des terreurs affreuses qui décidèrent tant d'émigrations. Pendant les premiers temps les ressources amassées suffirent; mais enfin elles s'épuisèrent, et le besoin se fit sentir. A qui avoir recours dans un pays étranger? L'aimable Justine fit à Berlin des Paysages si charmans que chacun s'empressa de les acquérir; ses ouvrages pourvurent abondamment à sa subsistance; tandis que l'ignorante Aglaé, ne pouvant employer des moyens qu'elle n'avoit pas, seroit tombée dans une misère extrême, à Soleure, si sa sœur ne se fût empressée de lui envoyer des secours.

Et ne nous dites pas que pour acquérir ces talens il en coûte trop de peine; que les maîtres, quelque aimables qu'ils puissent être, se présentent si souvent qu'ils en deviennent importuns! Tout paroît désagréable dans les commencemens de chaque art, de chaque science; tout même l'est en effet; nous en convenons. Mais souvenez-vous qu'il n'y a qu'un temps pour apprendre, et que ce temps est celui où vous vous trouvez; que le mépris où tombent dans le monde celles qui ne savent rien de ce qu'on vous enseigne, leur cause les regrets les plus amers; que la plupart des chagrins de notre vie viennent de notre négligence dans nos premiers ans; qu'il n'est aucune femme qui ne profitât mieux de ses maîtres, si elle recommençoit son éducation; que si les travaux et les peines marquent la saison des semences, la joie et le bonheur sont attachés à la saison des récoltes; et que ceux qui ne sement rien ne recueillent rien.

III. Enfin, jeunes élèves, vous avez des devoirs envers les domestiques qui vous servent. Dans la maison, au nombre, à l'âge où vous êtes, il faut des individus qui se chargent de vous donner les soins que vous ne pouvez absolument vous donner vous-mêmes; et votre amie y a sagement pourvu en plaçant auprès de vous des personnes qui à beaucoup d'intelligence joignent beaucoup d'honnêteté; mais savez-vous bien que ces personnes, vos inférieures d'après les services qu'elles vous rendent, sont vos égales par la nature et devant la loi? Tout ce que vous pouvez leur épargner de peines, leur assurer de reconnoissance, leur montrer d'égards, entre dans vos obligations envers elles; et rien n'annonceroit plus en vous une ame inhumaine, que le mépris apparent ou véritable que vous ne craindriez pas de leur témoigner. Un ancien disoit qu'il faut les regarder comme des amis malheureux. Ce n'est pas dans cette maison que servir est un malheur; la justice, la bienveillance, la générosité de votre amie à leur égard rendent leur condition aussi douce qu'elle puisse l'être.

Mais l'enfance, avec la vivacité de ses désirs, la mobilité de ses affections, la tyrannie de ses caprices, tourmente plus d'une fois les domestiques qui veillent à ses besoins. Il y a souvent plus de désagrément et de peine auprès des jeunes filles qu'auprès des femmes d'un âge avancé ; chacun sait qu'il n'est rien de plus insupportable que des despotes de votre âge, et que celles sur-tout qui devroient être les moins exigeantes sont presque toujours celles qui exigent le plus. Voilà pourquoi dans un discours, où nous vous retraçons vos devoirs envers les personnes qui vous entourent, nous nous sommes bien gardés d'omettre vos obligations envers les personnes qui veulent bien vous servir. Sachant qu'il ne nous est que trop ordinaire de croire que ceux qui se dévouent à notre service sont des êtres d'une autre espèce que nous, nous n'avons pas voulu que la disposition qui peut naître d'un jugement si contraire à la raison prît racine dans votre ame ; et nous avons pensé que nous ne pouvions vous mettre trop en garde contre des hauteurs qui méritent tant de mépris.

Car combien sont vils ces prétendus maîtres qui croient qu'avoir des gens ses gages, c'est les asservir à ses lois ; qui, étant un composé de tous les defauts, n'en veulent supporter aucun dans les personnes qui les servent, et ne craignent pas d'avoir moins d'égards pour des hommes, qu'ils n'ont de prodigalités pour des animaux; qui les reprennent, les grondent, les mortifient en toute occasion; se plaisent à les faire rougir de leur sort, insultent à leur condition par des grossièretés, regardent leurs services comme des dettes, et les exigent avec cette fierté impitoyable qui tourmente autant qu'elle outrage ceux qui ont le malheur d'en être l'objet. Cet homme que vous appelez votre domestique, oubliez-vous qu'il est formé des mêmes élémens que vous, qu'il jouit du même ciel, qu'il respire le même air, qu'il vit et meurt comme vous ?

Daubigné avoit un fils qui, en qualité de gentil-homme, se croyant en droit de mépriser tout le monde, parloit durement aux domestiques de son père, et les traitoit souvent avec humeur. Révolté de la conduite d'un enfant aussi impérieux, Daubigné le fit couvrir d'un habit grossier, et lui ordonna de servir ceux mêmes auxquels il commandoit avec dureté : Vous apprendrez en leur obéissant, lui dit-il, qu'on est assez malheureux d'être dévoué au service, pour mériter de n'en point essuyer d'humiliation. Le jeune Daubigné fut si sensible à cette juste punition, qu'il se jeta aux genoux de son père, lui jura de ne plus oublier ses devoirs envers ses inférieurs, et tint parole.

Pour vous, jeunes élèves, n'oubliez jamais que les personnes qui vous servent sont vos égales aux yeux de la nature, et qu'il n'y a point de proportion entre le plus fort salaire et la triste nécessité de servir. Ne leur faites point sentir leur situation; n'appesantissez point leur joug; tempérez par la douceur et l'affabilité le désagrément et la dureté de la dépendance; songez que rien n'est si bas que d'être haut à qui nous est soumis. N'exigez d'eux que les services qui vous seront nécessaires; épargnez-leur, autant qu'il vous sera possible, tout ce qui pourroit leur causer de la fatigue ou leur inspirer du dégoût. Si vous voulez qu'ils respectent en vous les foiblesses naturelles à votre âge, respectez en eux les droits sacrés de l'humanité. Pour tout ce qui tient au soin de vos vêtemens, par exemple, avez-vous besoin d'une autre main que de la votre? et ne seroit-il pas honteux que vous eussiez recours à la leur? La propreté extérieure annonce la pureté de l'ame, et l'on augure mal d'une jeune personne qui se montre avec des habillemens sales ou déchirés. N'attendez pas que les domestiques fassent pour vous ce qu'il vous est possible de faire vous-mêmes, et quand ils vous rendront les services que vous êtes dans l'impossibilité de vous rendre, pensez que la fortune pouvoit vous reduire à la nécessité où ils sont réduits. Point de familiarité avec eux parce qu'elle est méprisante, et qu'à votre âge elle a les plus graves inconvéniens; mais que la politesse, la bienveillance, la discrétion, la gratitude, l'attachement, deviennent à leur égard la règle de votre conduite; et si jamais vous êtes assez heureuses pour trouver l'occasion de leur être utiles, saisissez-la avec l'empressement d'une ame qui trouve ses plaisirs dans ses devoirs.

Un jour d'été, Turenne étoit en petite veste blanche et en bonnet à une fenêtre de son anti-chambre. Un de ses gens survient, et, trompé par l'habillement, le prend pour l'aide de cuisine. Il s'approche tout doucement par derrière et le frappe très rudement. L'homme frappé se retourne à l'instant : le domestique reconnoît en tremblant le visage de son maître; il se jette à ses genoux : Ah! Monseigneur, lui dit-il, j'ai cru que c'étoit Georges. Et quand c'eût été Georges, reprit en souriant Turenne, il ne falloit pas frapper si fort.

Mettez à la place de ce grand homme un de ces maîtres hautains qui daignent à peine regarder leurs domestiques comme des êtres de leur espèce; croyez-vous qu'il se fût contenté de ce reproche plein de bonté? Pardonnez-moi si j'oppose à ce trait celui d'une femme impérieuse que sa mollesse, autant que son âge, rendoit incapable de faire un pas sans être soutenue par un de ses gens. Au milieu d'un escalier elle s'emporte sur une commission mal faite, et donne un soufflet à celui qui l'aidoit à monter. Le domestique, révolté de l'insulte, l'abandonne et s'enfuit. Comme elle le rappeloit à grands cris : « Non, madame, lui répondit-il, je vous avois accordé le secours de mes services, mais non le droit de m'avilir ».

Eh! quels sont donc ces hommes que des

hommes traitent si mal? L'un deux est attaché à Pison proscrit; il prend son nom et se laisse tuer à sa place. Un autre endure courageusement la torture la plus cruelle, et meurt sans vouloir rien avouer qui puisse faire tort à son maître. L'illustre Catinat disgracié, et dépourvu de ressources, trouve dans son valet-de-chambre un ami généreux qui lui remet avec joie tout ce qu'il possède. Que d'autres exemples dans notre histoire n'aurois-je pas à vous citer en faveur de ceux dont je défends les intérêts! Je sais que les derniers temps en ont égaré beaucoup; mais je sais aussi que dans ces mêmes temps beaucoup d'actes de la plus courageuse vertu ont parmi eux honoré l'espèce humaine; et l'on cite plusieurs personnes attachées au service des victimes dévouées au glaive, qui les ont sauvées en exposant leur propre vie au fer des tyrans. Une dame perd de nos jours sa fortune entière; sa femme de chambre travaille

travaille nuit et jour pour la nourrir, et paie après sa mort les dettes que sa maîtresse avoit contractées. *Clery*, valet-de-chambre de Louis XVI, s'enferme à la tour du Temple avec ce prince infortuné, et lui prodigue, dans les temps les plus orageux, les soins de l'attachement le plus tendre. Le respectable Barthélemy, aujourd'hui Sénateur, est condamné à la déportation au delà des mers; le *Tellier*, son domestique, ou plutôt son ami, l'y suit et y meurt avec un courage invincible. Eh! combien d'autres n'ont pas moins honoré la servitude volontaire!

Que conclure de tout ce que nous venons de vous dire, jeunes élèves? car il est important de bien sentir la conséquence de cette instruction. Il faut en conclure premièrement que vous devez à la sage institutrice qui vous élève avec tant de soin, tout le respect, tout l'amour, toute la gratitude, toute la confiance que peut inspirer la mère la plus sensible, et que rien ne donneroit une idée plus désavantageuse de votre cœur, si, à la place des tendres sentimens que vous avez pour elle, vous n'aviez que de l'indifférence et de la froideur; secondement, que les personnes qui partagent ici ses travaux auprès de vous, méritent de votre part tout ce que nous devons à nos maîtres, sur-tout quand ils joignent les vertus aux lumières, et le zèle au talent; troisièmement, que loin de regarder les domestiques qui vous servent comme des êtres voués par la nature à l'esclavage, il faut que vous ayez pour eux les égards, les attentions, les ménagemens, la reconnoissance due à des frères qui nous obligent; enfin, que vous devez être tellement empressées à répondre aux soins de tous ceux qui concourent à l'éducation qu'on vous donne, que rien ne puisse vous faire oublier dans

DE MORALE. 147

la suite les services qu'ils vous rendent dans ce moment. On peut payer l'ouvrage d'un artiste par un salaire proportionné à son travail; on ne paie point le dévouement qu'exige le difficile emploi de ceux qui se consacrent à l'éducation de l'enfance; et vous vous méprendriez d'une manière bien étrange, si vous croyez jamais que c'est ainsi qu'on peut s'acquitter envers eux. Mais comment pourrions-nous supposer dans vos cœurs sensibles des sentimens aussi peu dignes de vous? N'êtes-vous pas ces élèves intéressantes qui nous avez tant de fois promis de profiter de ce cours de morale, et qui, depuis le moment où votre émulation en a saisi l'idée, ne cherchez qu'à le rendre utile à vos mœurs? Qu'un autre se défie des résolutions que vous avez prises si solemnellement; nous, sans crainte d'aucune grave infidélité, nous comptons sur votre parole, et nous sommes certains que vous aurez toujours plus de zèle pour orner une ame immortelle, que vous n'aurez jamais d'adresse pour parer un vain extérieur. Est-il une seule de vous qui voulût contredire un présage aussi consolant? Non: devant l'assemblée respectable qui vous contemple avec des yeux d'attendrissement, vous renouvelez la promesse de ne rien perdre de l'excellente éducation qu'on vous donne; et vous dites aux tendres mères dont vous êtes l'espérance, que cette espérance si douce sera bientôt une plus douce réalité.

DISCOURS

SUR LES DÉFAUTS QUE LES JEUNES PERSONNES DOIVENT ÉVITER DANS LEUR CONDUITE ENVERS LEURS COMPAGNES.

> Il faut réprimer dans les filles les amitiés trop tendres, les petites jalousies, les complimens excessifs, les flatteries, les empressemens; tout cela les gâte et les accoutume à trouver que tout ce qui est grave et sérieux, est trop sec et austère.
>
> FÉNÉLON.

Après avoir prouvé combien il étoit nécessaire de vous donner des instructions morales, afin de vous conduire par la sagesse au bonheur, il a fallu vous apprendre d'abord ce que vous deviez à Dieu, ensuite à vos parens, puis à vos maîtres; car ce sont là vos plus essentielles obligations. Mais dans la maison, à l'âge même où vous êtes, n'avez-vous pas envers d'autres personnes d'autres devoirs? Les plus pressans, après ceux que nous vous avons expliqués, sont les devoirs que vous avez envers vos compagnes ; et c'est pour vous inviter à les remplir avec zèle que nous allons vous en exposer les détails.

Unies entre vous par des lois de convenance, de plaisir, de nécessité ; ne formant qu'un seul troupeau soumis à une seule direction ; ayant les mêmes désirs, les mêmes espérances, le même but, tous les motifs se réunissent pour vous engager à vivre ensemble dans la meilleure intelligence ; et nous aimons à déclarer à l'assemblée qui nous écoute que vous vous conduisez en général d'après ces motifs. Cependant est-il moins nécessaire que nous vous prévenions de tout ce qui tend à troubler une heureuse harmonie, et que nous vous indiquions tout ce qui peut et doit l'augmenter ? Non ; vous avez, à cet égard, besoin d'une instruction particulière, et nous ne négligerons pas un sujet aussi important.

Il est parmi vous des choses que vous devez vous interdire, il en est d'autres que vous devez n'omettre jamais. Aussi, ce qu'il est nécessaire que vous évitiez soigneusement, ce qu'il importe que vous pratiquiez fidelement envers vos compagnes ; tel devroit être l'ordre et le plan de ce discours. Mais comme il passeroit les sages bornes que nous nous sommes prescrites jusqu'à présent, nous nous contenterons aujourd'hui de traiter la première partie, et nous renverrons la seconde à un prochain entretien.

Qu'est-ce donc que vous devez soigneusement éviter, jeunes élèves, si vous voulez conserver avec vos compagnes l'union qui doit régner parmi des sœurs ? En examinant les vices qui sont les plus contraires à la vie sociale, le premier qui se présente à nous est la *vanité* qui se croit capable de tout, et ne croit souvent les autres capables de rien. Pourriez-vous ne pas vous défier de ce vice, vous qui savez déjà combien il est odieux ? On montroit des dessins de Raphaël à je ne sais quel mauvais peintre : Cela est bien, dit-il, mais je ferois mieux. Il auroit entrepris, sans la moindre inquiétude, de repeindre l'église de St.-Pierre et le Vatican. Le mérite est comme la santé, dit un auteur moderne; quand on en a l'on ne s'en apperçoit point. Songez que vous préférer en quoi que ce soit à vos compagnes, prétendre vous élever au dessus d'elles par votre naissance, vos richesses, votre esprit, votre figure, ou vos talens, seroit une vanité qui vous conduiroit à la hauteur, à la fatuité, même à l'arrogance; et que vous seriez bientôt justement humiliées par celles sur qui vous voudriez affecter une insolente supériorité.

La vanité conduit à l'*envie* qui nous

fait haïr ceux qui possèdent des qualités que nous n'avons pas; à la *jalousie* qui tient beaucoup à l'envie, et n'est autre chose que l'inquiétude produite en nous par l'idée d'un bonheur dont nous supposons que les autres jouissent, tandis que nous en sommes privés. Il faut avouer, disoit un jour une dame, que Clarisse est une femme bien désagréable! Je n'en parle point par envie, ajouta-t-elle, car elle n'a rien qu'on puisse lui envier. — Si cela étoit, reprit un homme estimable, vous n'en parleriez pas si souvent.

La vie sociale devient un tourment continuel pour une personne sujette à ces malheureuses passions, parce qu'il n'est point d'avantages obtenus par quelqu'autre qu'elle, qui ne lui portent un coup sensible; et cela seul devroit vous engager à les combattre, si elles étoient dans votre cœur. Mais quand vous saurez que la *perfidie*, la *méchanceté*, la *noirceur*,

7 *

marchent presque toujours à leur suite, et que les sarcasmes, les épigrammes, les satires sont leurs alimens, vous craindrez de nourrir dans votre sein des serpens qui déchirent; et, loin de jalouser vos compagnes, vous ne penserez qu'à acquérir leurs talens.

Il est une espèce de *prévention* qui fait que, sans aucun raisonnable motif, on pense défavorablement de ses semblables, et qu'on le leur témoigne. Ah! que ces *jugemens téméraires* annoncent un cœur bas et corrompu! Ceux qui les forment prêtent naturellement aux autres des sentimens qui ont du rapport avec les leurs, et ne croient point aux perfections qui leur sont inconnues. Ils trouvent une consolation secrète à penser que nul n'est meilleur qu'eux; que leurs foiblesses sont celles de toute l'humanité; que les personnes dont on vante les vertus ne leur sont supérieures que parce qu'elles ont plus d'art à cacher leurs vices; et blessés des qualités auxquelles ils ne peuvent atteindre, le désir de les voir ternies les leur fait dénaturer; conduite doublement condamnable dans une jeune fille, parce qu'à l'innocence de l'âge elle doit joindre la simplicité du cœur, et que la légèreté qui la porteroit à accuser autrui l'accuseroit elle-même.

La *raillerie*, presque toujours armée par la malignité, est-elle beaucoup moins coupable; et toute jeune personne qui ose se la permettre, ne devient-elle pas un objet d'inimitié? La raillerie suppose le dessein de blesser, plus ou moins, celle sur laquelle on veut l'exercer. Elle renferme le reproche de quelque défaut d'esprit, de corps, ou d'ame, que l'on expose à la risée du public. Les enfans, prompts à saisir les ridicules de tout ce qui s'offre à leurs yeux malins, se livrent à ce penchant avec une joie immodérée, ne sachant pas que ses traits peuvent être plus insupportables qu'une injure, pour les cœurs doués d'une certaine sensibilité. Railler une personne que l'on appelleroit son amie, ou avec laquelle on vivroit habituellement, seroit se déshonorer par une espèce de trahison, l'immoler au plaisir de se faire applaudir par les indifférens, lui montrer qu'on l'aime beaucoup moins qu'un bon mot, répondre à sa confiance par une perfidie; vous n'emploîrez certainement pas contre vos compagnes une arme indigne d'elles et de vous.

Mais, d'un autre côté, il est une innocente raillerie que la bonne société non seulement tolère, mais aime; auriez-vous l'esprit assez mal fait pour vous en formaliser? François I.er fut, comme on sait, vaincu et fait prisonnier par les Impériaux, à la bataille de Pavie. Quelque temps après être sorti de sa prison de Madrid, il demanda à une dame fort laide, *depuis quand elle étoit revenue du pays de beauté?* J'en revins, Sire, répondit-elle, le jour que votre Majesté revint de Pavie.

Le commerce de la vie exige qu'on souffre avec complaisance, et permet qu'on repousse avec esprit ces traits qui répandent souvent dans la conversation une vivacité agréable; et il faudroit vous condamner à la solitude, si vous vouliez n'y opposer que de l'humeur : car rien n'est plus gênant dans le monde, que ces caractères sensibles dont la vanité s'offense de tout. Une pareille disposition annonce une petitesse d'esprit aussi honteuse que puérile; et toute jeune personne à laquelle on peut la reprocher, devient nécessairement malheureuse avec des compagnes qui aiment d'autant plus à la plaisanter, qu'elle se montre plus sensible à la plaisanterie.

Il n'en est pas de même de la *médisance*, vice essentiellement nuisible à ceux qui en sont l'objet. Quelle bassesse dans une jeune personne qui se permet de médire de celles dont elle devroit scrupuleusement cacher les défauts et les fautes, si elle leur en connoissoit! Est-il une habitude plus insociable, une lâcheté plus digne de mépris? Défiez-vous, dit un ancien, de celui qui médit de son ami absent, qui ne le défend pas quand on l'accuse, qui cherche à faire rire par ses bons mots ; il possède à coup sûr une ame dépravée. Seriez-vous assez absurdes pour vous flatter d'être sans défauts, de n'avoir point commis de fautes, de n'être chargées d'aucun tort? Consentiriez-vous que vos foiblesses fussent exposées à la malignité publique? Apprendriez-vous avec plaisir qu'en votre absence on a déchiré votre réputation? Eh bien, ne vous permettez pas contre les autres ce que vous ne voudriez pas qu'on se permît contre vous. La médisance est fille de la haine, de l'humeur, de l'envie, de l'oisiveté. La moins coupable est celle qui naît de la légèreté, de l'étourderie, de l'indiscrétion. Peut-elle se glorifier d'une semblable origine? Les ravages qu'on la voit souvent produire ne doivent-ils pas vous intimider? ceux mêmes qui aiment la médisance haïssent les médisans. Non seulement ne vous la permettez point, mais ne l'écoutez jamais. Annoncez, par un air de froideur et d'ennui, que c'est vous manquer que d'oser attaquer vos compagnes devant vous; défendez-les contre celles qui les attaquent en leur absence; si elles ne vous rendent pas le même services, eh! que vous importe? vous aurez fait une bonne action.

Ce n'est pas assez pour certaines élèves de se permettre la médisance, elles en viennent jusqu'à la *délation*. Une de leurs sœurs a-t-elle commis quelque faute? elles se hâtent d'en faire un odieux rapport. Elles croient bien mériter de leur maîtresse par une conduite qui n'obtient jamais d'elle que du mépris. Loin de vous une semblable trahison! Au lieu de révéler les fautes de vos compagnes, couvrez-les du manteau de l'amitié. Aimez-mieux être soupçonnées de les avoir commises, que de vous résoudre à les découvrir. Méritez de passer dans leur esprit pour une amie dont le commerce est aussi sûr qu'agréable; et soyez persuadées que les personnes mêmes qui président à votre éducation vous en estimeront davantage.

Un autre vice qui, en souillant votre bouche, nuiroit à vos compagnes, c'est le *mensonge*. La parole nous fut donnée pour nous communiquer nos pensées, nous prêter des secours mutuels, nous transmettre les notions qui peuvent nous être utiles, et non pour nous tromper réciproquement. Mentir, c'est parler contre sa pensée, c'est induire sciemment les autres en erreur, c'est violer les conventions sociales; quelle horreur un tel crime ne doit-il pas nous inspirer! Ceux qui en ont contracté la honteuse habitude perdent toute confiance de la part des autres ; la parole leur devient pour ainsi dire inutile ; on ne les croit plus quand même ils disent la vérité. Rien de plus bas, de plus servile ; rien qui annonce autant ou la crainte ou la vanité. Aussi les Perses notoient les menteurs d'infamie ; les lois indiennes vouloient que tout homme convaincu de mensonge fût déclaré incapable de remplir aucun emploi ; et cette infamie attachée au mensonge subsiste encore parmi les nations modernes, puisque, chez elles, un démenti est compté parmi les plus graves injures. Tremblez, jeunes élèves, lorsque vous êtes tentées de parler contre ce que vous savez être la vérité. Ne vous permettez même jamais ces subtilités par lesquelles on veut faire ensorte que les autres se trompent, sans qu'on puisse se reprocher de les avoir trompés; il y a encore plus de bassesse et de supercherie dans ces rafinemens, que dans les finesses communes. Si, pour vous vanter, vous disculper, vous amuser, vous vous laissiez entraîner à ces penchans méprisables, vous deviendriez bientôt odieuses à tous les cœurs; et vos compagnes auroient droit de vous dire que vous êtes indignes d'habiter avec elles.

Lorsqu'on est assez peu délicate pour se permettre le mensonge, comment seroit-on assez prudente pour s'interdire *l'indiscrétion*? Ce défaut, terrible dans ses conséquences, et qu'enfante une envie démesurée de parler, n'annonce pas toujours une ame méchante, quoiqu'il produise souvent des effets aussi pernicieux que ceux de la méchanceté. Par légèreté, par étourderie, par une sotte vanité, on divulgue le secret des autres, et l'on finit par ne pouvoir pas même garder le sien. Il y a là souvent plus de foiblesse que de malice; mais combien est dangereuse la personne qui compromet ainsi le dépôt d'autrui! Une femme vint raconter à une autre ce qu'on lui avoit dit sous le secret, et lui recommanda de n'en point parler.—Soyez tranquille, lui répondit-elle, je serai aussi discrète que vous. Quel que soit le secret que vos compagnes vous auront confié, vous auront laissé deviner, ou que vous leur aurez surpris, souvenez-vous que le divulguer est une perfidie, et que vous vous trouverez exposées aux alternatives les plus fâcheuses, si vous n'opposez pas sur vos lèvres une barrière insurmontable aux choses que vous devez renfermer dans votre sein. Que le secret qui t'est confié reste enseveli dans ton cœur, dit un Philosophe; oublie même que tu l'as entendu. Oseriez-vous ravir à une de vos amies une somme quelconque, un vêtement, un bijou? Divulguer son secret est une action plus coupable encore : car on peut rendre une chose volée, on ne rend point un secret trahi.

Voila pourquoi aussi la *curiosité*, qui est un désir de pénétrer le secret des autres, est un défaut qui n'est guère moins dangereux. Fuyez le curieux, dit un grand Poëte, car il est toujours indiscret. Un jeune sot demandoit à une femme sur le retour quel âge elle avoit. — Je ne vous le dirai pas précisément, répondit-elle; mais soyez assuré qu'un âne est plus âgé à vingt ans, qu'une femme à soixante. — Quelle absurde gloire que celle de prouver qu'on sait tout ce qu'ignorent ou font les autres ! Quel étrange mérite que celui de se montrer ingénieuse à découvrir ce qui doit rester inconnu ! Ne seroit-il pas plus flatteur pour vous de tenir un secret de la confiance de votre compagne, que d'employer votre pénétration à le découvrir ? Ne cherchez jamais à savoir ce qu'on ne juge pas à propos de vous dire, ou ce qu'on n'a point pensé à vous confier. Quels que soient l'état, les parens, les biens, les projets de vos compagnes, en quoi cela vous importe-t-il? On accuse votre sexe d'être plus curieux que le nôtre; ce reproche est peut-être injuste. Mais, quoi qu'il en soit, ne vous permettez jamais ni recherches, ni questions, ni subtilités, pour découvrir le secret des autres; il n'est aucun défaut qui annonce plus de vide dans la tête, et souvent plus de malignité dans le cœur.

Je ne vous parle pas de *l'indifférence*, de la *froideur*, de *l'égoïsme*, défauts qui empoisonnent les plaisirs de la société, et font régner, entre des compagnes unies par les mêmes devoirs, la mauvaise humeur, le mécontentement, et l'ennui de se rencontrer sans cesse. En voulant néanmoins éviter ces défauts, gardez-vous de faire parade de sentimens que vous n'éprouvez point, et *d'affecter* une sensibilité étrangère à votre ame. Ne substituez pas à la bienveillance, et à l'amitié des démonstrations mensongères, et de basses flatteries. N'ayez ni l'hypocrisie de la tristesse, ni le masque de la joie. N'approchez jamais de vos compagnes avec un empressement simulé. Ne forcez point votre œil à répandre des larmes de compassion, de tendresse, ou de plaisir. Ne prodiguez pas des protestations particulières d'attachement à celle pour qui vous ne vous sentez pas une amitié sincère : l'art peut rarement déguiser la nature, et cacher la vérité. On vous pardonnera souvent les marques non équivoques de l'insouciance et de la distraction ; rarement on se laissera séduire par les apparences affectées de l'amour et du zèle ; ne nous montrons que ce que nous sommes ; nous en vaudrons mieux pour les autres et pour nous.

Vous ne connoissez pas encore, sans doute, *l'esprit de contradiction*, c'est-à-dire cette ridicule manie d'être toujours d'un avis contraire à celui des personnes avec lesquelles nous nous entretenons. Vous êtes trop honnêtes, trop douces, pour blesser ainsi l'amour-propre de vos semblables; et nous aimons à croire que la seule idée de cette impolitesse suffira pour vous la faire éviter. Vous connoissez encore moins cette *opiniâtreté* dans nos opinions, qui vient de la présomption de croire qu'on pense mieux que les autres, et qu'il est beau de ne point se laisser vaincre par leurs discours. Vous sentez qu'il est plus sage de se taire, même lorsqu'on est certain d'avoir la raison pour soi, que de disputer sans fin avec des personnes déraisonnables; et vous pensez que, si les sots croient plus d'esprit à ceux qui parlent plus haut que les autres, les gens sensés supposent plus de mérite à ceux qui cèdent modestement. Mais évitez le défaut contraire, et qu'on ne puisse pas vous compter parmi ces gens trop complaisans qui, toujours à la pensée d'autrui, jamais à la leur, semblent n'avoir d'esprit, de jugement, d'opinion, que par emprunt, et ne louent ou ne blâment, n'admirent ou ne méprisent, que d'après les personnes à qui ils veulent plaire. L'orateur Célius soupant tête à tête avec quelqu'un qui approuvoit tout ce qu'il disoit, et ne pouvant souffrir une aussi plate complaisance, s'écria : « Mon ami, niez-moi donc quelque chose, afin que nous soyons deux ».

Une foiblesse qui, malheureusement peut-être, ne vous est point étrangère, et que vous devez au moins ne jamais laisser appercevoir, c'est la *prétention* de plaire, de briller, de vous faire remarquer plus que vos compagnes, et vous attirer des éloges exclusifs. Ces prétentions,

tentions, toujours injustes en elles-mêmes, puisqu'elles ne sont fondées sur aucun droit, produisent, dès qu'elles sont connues, un effet contraire à celui qu'on ose en attendre; car on n'accorde *rien* à celle qui croit mériter *tout*. Au lieu de suppléer aux qualités qui nous manquent, elles ternissent les qualités que nous possédons. Evitez soigneusement un ridicule qui vous feroit autant d'ennemies de vos compagnes; et soyez persuadées que le plus sûr moyen de prouver qu'on n'a point de titres est de montrer qu'on a des prétentions.

De ces prétentions si communes, même à votre âge, naissent ces petits tyrans de la société qu'on nomme à si juste titre *exigeans*. Oh! qu'elles sont incommodes dans le commerce qui nous lie les uns aux autres, ces femmes orgueilleuses qui veulent être honorées, cultivées, recherchées, comme si tout leur étoit dû! S'il y avoit parmi vous des filles de ce caractère, je leur dirois : Vous désirez sans doute plaire aux personnes avec lesquelles vous vivez? Eh bien! ayez toutes les attentions possibles pour elles, vous n'aurez plus besoin d'exiger qu'elles en aient pour vous.

Et, dans cette sage conduite, ayez de la constance ; rien de plus méprisable que cette *légèreté* qui vous feroit voler de l'une à l'autre, dans vos affections. Aujourd'hui on se lie avec une de ses compagnes, et c'est tout-à-coup une union si étroite, qu'on ne voit plus qu'elle dans la maison. Pendant les récréations, dans les promenades, aux études, on est toujours ensemble ; on ne peut plus se quitter ; on a l'air de ne se soucier nullement des autres ; on les éloigne même avec impolitesse, de peur qu'elles ne troublent de si graves entretiens. Cette ferveur dure quelques jours ; elle s'éteint comme elle s'étoit allumée et l'on forme des liaisons nouvelles, qui ne durent pas plus que celles qui avoient précédé. Que ces enfantillages ne déshonorent aucune de vous; et quoique toutes vos compagnes ne puissent être vos amies, ayez pour chacune d'elles de plus durables affections. Soyez toujours unies par des sentimens, des goûts raisonnables; et ne connoissez pas ces inconstances qui, à force d'être répétées, dégénèrent en puérilités.

Une *imprudence* assez ordinaire est celle qui, sans s'informer du caractère, de la profession, du rang, des liaisons, de la fortune des personnes qui composent une assemblée, tient des propos ou fait des démarches qui peuvent les blesser. Un jour madame Grotius, dont le mari étoit ambassadeur en France, se trouvant au cercle chez la reine, le cardinal de la Valette, fendant la presse, et envisageant de loin cette femme, extrêmement grosse et brune, qu'il ne connoissoit pas, demanda à une dame de l'assemblée qui étoit cet ours assis auprès de Sa Majesté ; c'est ma mère, lui dit la jeune personne ; car il s'étoit justement adressé à mademoiselle Grotius. Confus de cette grossière imprudence, le cardinal quitta le cercle subitement, et se promit bien d'être désormais plus circonspect et plus honnête. Gardez-vous de choquer ainsi la moindre d'entre vous ; ayez toujours cette envie raisonnable de plaire qui fait éviter les imprudences ; et sur-tout, quand vous aurez des torts, soyez empressées à les réparer. Le maréchal de la Meilleraye alla visiter *Porto-Ferraïo*, l'une des plus fortes places de l'Europe ; comme il étoit fort impétueux, il dit à *Grifoni*, qui y commandoit pour le Grand Duc, que la fortification étoit excellente ; mais que si le Roi son maître lui ordonnoit de l'attaquer, il lui en rendroit bon compte en six semaines. *Grifoni* lui répondit qu'il prenoit trop long terme, et que le Grand Duc étoit si fort serviteur du Roi, qu'il ne faudroit qu'un moment. Le maréchal ayant honte de son emportement, répliqua à Grifoni : Vous êtes un galant homme, et je suis un sot ; la place que vous défendez est imprenable.

Enfin, dans le nombre des choses à éviter entre vous, il en est une que je ne dois pas passer sous silence, c'est *la grossièreté dans les jeux*. Pendant les heures destinées au délassement, on vous permet les divertissemens convenables à votre sexe, et rien n'est plus intéressant que des jeunes personnes se livrant à une joie franche, et même un peu bruyante, dans leurs amusemens. Voilà pourquoi, dit un Auteur, les maisons d'éducation où les pensionnaires ont beaucoup d'ébats, de courses, de jeux, en plein air et dans des jardins, sont à préférer à la maison paternelle, où une fille toujours assise, et sans liberté, sous les yeux de sa mère, dans une chambre bien close, n'ose se lever, ni marcher, ni parler, ni souffler, et n'a pas un moment pour jouer, sauter, courir, crier, se livrer à la pétulance naturelle à son âge.

Mais il y a une humeur, une grossièreté, une étourderie, qui se mêlent quelquefois à ces amusemens; elles entraînent des excès que vous devez vous interdire en toute rencontre, et qui annoncent l'éducation la plus négligée, quand on se respecte assez peu soi-même pour s'y abandonner. Je ne vous peins pas ces tours de force qui sortent du cercle des jeux décens, et qui peuvent grièvement blesser quiconque ou les essuie, ou s'y livre; vous êtes trop raisonnables pour ne pas les proscrire de vos récréations. Je vous rappelle ces ébats moins dangereux, où pourtant la force abuse de son pouvoir sur la foiblesse, et la maladresse succombe sous les efforts de l'habileté. Eloignez ces périlleux plaisirs de vos joies les plus libres ; que l'attention, la douceur, et la bienfaisance, en règlent les mouvemens. Des philosophes ont observé que les filles ayant, ou devant avoir peu de liberté, elles portent à l'excès celle qu'on leur laisse, et qu'extrêmes en tout, elles se livrent à leurs jeux avec plus d'emportement encore que les garçons. Que cette observation, si elle est fondée, ne trouve pas en vous un exemple de plus. On ne vous ôtera point la gaîté, les ris, le bruit, les folâtres amusemens ; mais on vous invitera toujours à en bannir ce qui peut nuire à vous ou aux autres ; car si la vivacité nous rend plus aimables quand elle se renferme dans les bornes de la décence, elle ne fait que nous rendre insupportables quand elle sort des règles de la modération.

Parmi des jeunes personnes élevées ensemble, on en citoit une autrefois d'un extérieur fort agréable, mais qui gâtoit la plus charmante figure par des défauts qui supposent un caractère odieux. Non seulement elle étoit persuadée qu'aucune de ses compagnes n'étoit ni si jolie, ni si spirituelle, ni si aimable qu'elle; on la voyoit encore rougir, pâlir, rouler des larmes, quand on louoit quelqu'autre qu'elle dans la maison. Comme tous les vices se lient, par une chaîne très-naturelle, à l'orgueil, la vanité, aux prétentions, à la jalousie, elle joignoit la curiosité, l'indiscrétion, l'inconstance, l'esprit de contradiction. Tantôt elle accusoit celle-ci d'un tort qu'elle n'avoit pas; tantôt elle révéloit les fautes que celle-là avoit commises; toujours par des railleries, des médisances, des mensonges, elle cherchoit à nuire à des compagnes qui, avec moins de beauté, de talens, de graces, valoient pourtant cent fois mieux qu'elle par leur application et leurs qualités

Aujourd'hui elle invectivoit les plus âgées, le lendemain elle molestoit les plus jeunes; mais ce en quoi elle se distinguoit davantage, c'étoit l'art détestable de *contrefaire*, et de charger de ridicules les personnes dont l'âge, les vêtemens, et la figure, n'avoient pas le bonheur de plaire à ses yeux. Vous jugez qu'une pareille conduite dut lui attirer l'animadversion de toutes ses compagnes, et qu'il eût fallu que son institutrice, eût bien peu senti ce qu'elle devoit aux demoiselles confiées à sa surveillance, si elle n'avoit pas invité les parens de l'insociable Joséphine à la retirer de sa maison. Qu'arriva-t-il? que cette jeune personne, éloignée de ses compagnes n'eut ni plus d'honnêteté, ni plus de modestie, ni plus de douceur; que long-temps après, ayant rencontré dans le monde une femme estimable, s'étant permis contre elle une profonde méchanceté, cette femme, en pleine assemblée, la lui reprocha si vivement, que personne ne voulut désormais voir Joséphine ; et que, malgré cette humiliation, elle ne se corrigea point, parce que ses défauts avoient tellement fait de progrès, qu'ils étoient devenus incorrigibles.

Voilà pourtant où peuvent conduire la vanité, l'envie, les prétentions, la raillerie, et toutes les passions qu'on ne réprime pas avec soin. Qui ne s'observe pas, qui ne s'amende pas sans cesse, ne sera jamais propre à former d'honorables liens. La vie sociale est un continuel renoncement à soi-même; et quand on n'a pas su vivre dans une maison d'éducation avec ses compagnes, on ne sait pas vivre dans le monde avec sa société. Evitez donc, jeunes élèves, évitez tout ce qui pourroit troubler l'union intime qui doit régner parmi vous. Combattez en vous ces défauts qui repoussent, aigrissent, éloignent les cœurs;

et vous verrez disparoître les causes du mécontentement et de l'ennui que vous éprouvez peut-être quelquefois avec vos compagnes; et vous verrez s'ouvrir pour vous des sources pures de satisfaction et de plaisir. Dites souvent, avec Marc Aurele : « Vérité sainte que j'implore, toi, qui n'as jamais fait peur qu'aux sots et aux méchans ; vérité, sois en tout ma fidèle conseillère et ma plus intime amie; inspire à tous ceux qui m'abordent la généreuse hardiesse de m'avertir de mes défauts ; fais plus, ô vérité ! fais que je m'en corrige ! » Si vous vivez ensemble ici dans cette paix qu'enfante toujours l'empire qu'on a sur soi-même, avec quelle joie vous vous reverrez un jour! Comme vous serez ravies de vous raconter mutuellement les évènemens de votre jeunesse! Combien vous attacherez de prix à vos anciennes liaisons! Vous ne pouvez vous imaginer encore les peines de toute espèce qui vous attendent dans le monde; vous ne concevez pas que l'état de subordination où vous êtes, puisse être préféré à celui où vous vous trouverez, quand les liens qui vous retiennent seront brisés. Ah! que vous êtes dans l'erreur! A moins que les défauts que nous venons de vous indiquer ne fassent de vous un objet à craindre pour vos sœurs, persuadez-vous bien que le temps de votre éducation au milieu d'elles est le plus beau de votre vie; et qu'au sein même des honneurs, des richesses, des plaisirs, que tant de personnes envient, vous auriez souvent lieu de le regretter.

DISCOURS

SUR LES VERTUS QUE LES JEUNES PERSONNES DOIVENT PRATIQUER DANS LEURS RELATIONS AVEC LEURS COMPAGNES.

> Heureuse celle qui peut se flatter d'avoir trouvé une compagne réunissant la franchise à la discrétion, le zèle à la constance; et qui, vertueuse sans être sévère, sait joindre l'agrément à la sagesse.
>
> FORDICE.

Si vous avez profité de notre discours précédent, jeunes élèves, vous avez pris la ferme résolution de vous corriger de tous les défauts contraires à la bonne intelligence qui doit régner parmi vous. Mais que seroit une société dont les membres, se contentant de ne point s'offenser les uns les autres, ne feroient aucune démarche pour s'obliger réciproquement? A la suite de cette indifférence calculée arriveroit bientôt le froid dégoût: on vivroit ensemble sans s'aimer, après s'être réuni sans se connoître, et l'on se quitteroit sans se regretter. Non; ce n'est point pour nous borner à ne pas nous nuire, que Dieu nous plaça dans cet univers. Il voulut qu'ayant les mêmes foiblesses et les mêmes besoins nous eussions mutuellement aussi des secours pour les uns, de l'indulgence pour les autres, et que les vertus, ces nécessaires liens de la vie sociale, nous en assurassent réciproquement les douceurs.

C'est de ces vertus, sans lesquelles vos liaisons deviendroient ou difficiles ou peu durables, que nous venons aujourd'hui vous entretenir. Rendez-vous attentives à une leçon qui, en influant sur vos plus saints devoirs, peut augmenter vos plus douces jouissances; et dites-vous bien que c'est de la manière dont vous vous conduirez maintenant avec vos jeunes compagnes que dépendra la manière dont vous

vous conduirez un jour avec de plus graves sociétés.

I. Ce n'est donc point assez que vous évitiez soigneusement tout ce qui pourroit troubler votre union avec vos compagnes; il faut encore que vous pratiquiez fidèlement tout ce qui peut conserver et même augmenter cette union. Mais qu'est-ce qui produit le plus ordinairement cet heureux effet? c'est d'abord *l'indulgence*, disposition absolument nécessaire dans la vie sociale, parce qu'elle nous fait supporter les défauts des autres, et qu'elle se fonde sur l'équité qui nous annonce qu'afin d'obtenir grace pour nos propres foiblesses, nous devons souffrir avec patience jusqu'aux travers de ceux avec lesquels nous vivons. Cette indulgence est, à la vérité, le fruit rare de la réflexion : on peut la regarder, dans les ames vives et sensibles, comme le plus grand effort de la raison humaine; il est, par conséquent, assez difficile aux jeunes personnes de l'acquérir. Cependant, si le moyen le plus sûr de bien vivre entr'elles est de se témoigner mutuellement cette essentielle disposition; si chacune d'elles a besoin qu'on la tolère et qu'on lui pardonne, comment se refuseroit-elle au devoir de tolérer et de pardonner? L'une est trop vive, l'autre est trop indolente; celle-ci est froide jusqu'à la hauteur, celle-là aimante jusqu'à la folie. Que l'indulgence ne vienne pas concilier des caractères si opposés? ce seront des dissensions éternelles; et des obstacles toujours plus invincibles s'opposeront aux plaisirs qui devroient naître des relations fondées sur le même âge et les mêmes obligations.

Non seulement pour les défauts, mais encore pour les opinions de nos semblables, nous devons avoir de l'indulgence; car rien n'est plus injuste que de les persécuter, parce qu'ils ne peusent pas comme nous. Y a-t-il quelque chose au monde qui soit plus à nous, dont nous devions moins de compte à personne, que notre opinion ? Si parmi vous il y en avoit qui, sur les évènemens actuels, ou sur toute autre matière, eussent des sentimens particuliers, sachez que leur opinion, quelle qu'elle soit, n'est point de votre domaine, et que les tourmenter sous ce prétexte seroit une tyrannie que rien ne pourroit excuser. Ce n'est pas qu'on ne puisse, qu'on ne doive même, quand elle s'égare, tâcher d'éclairer, de persuader, de ramener une amie ; eh ! de quelle utilité seroit l'attachement qu'on a pour elle, si l'on craignoit de lui rendre un service aussi important ? Mais ce devoir doit être rempli avec tant de précaution, que, loin d'irriter, il touche celle au sort de qui l'on s'intéresse ; et que les conseils qu'on lui donne trouvent leur force dans leur douceur.

L'indulgence éclairée conduit à une sage *complaisance*, c'est-à-dire à la disposition habituelle de se conformer aux volontés justes, aux goûts raisonnables des personnes avec lesquelles nous vivons. Quiconque refuse de se prêter aux désirs légitimes des autres, montre de la présomption, annonce une humeur peu sociale, et perd le droit d'exiger que l'on soit complaisant à son égard. Cette vertu est un des liens les plus agréables de la vie, parce qu'elle suppose la douceur du caractère, une facilité, une flexibilité, propres à nous faire aimer. On ne doit pas la confondre avec une lâche condescendance pour les vices; ses bornes, ainsi que celles de toutes les autres qualités sociales, sont évidemment fixées par l'équité; mais, retenue dans de justes limites, elle nous habitue à contenter toutes les personnes avec lesquelles nous avons des rapports généraux, nous rend chers à celles avec lesquelles nous avons des relations intimes, et nous assure cette estime qui, souvent unie à un sentiment plus tendre, fait le bonheur des cœurs sensibles et délicats.

Pourriez-vous n'avoir pas cette complaisance les unes envers les autres? Y auroit-il parmi vous de ces caractères difficiles que l'égoïsme endurcit envers tout ce qui n'est pas soi? Veuillez toujours ce qui plaît aux autres, quand ce qui plaît aux autres n'est pas contraire à la vertu. Soyez prêtes à sacrifier vos goûts à ceux de vos compagnes, lorsque les goûts de vos compagnes n'auront rien qui blesse votre devoir. La complaisance juste, humaine, circonspecte, est l'âme de la société; et ce seroit vouloir déplaire un jour à toutes les personnes que vous connoîtrez, que de ne pas exercer aujourd'hui cette vertu envers toutes les personnes qui vous entourent.

Que j'aime cette *bonté* active, vraie, qui sort du cœur, peint l'esprit, s'ouvre à la confiance en même-temps qu'elle l'inspire ; cette bonhomie franche et libre qui annonce une ame où rien ne se cache, parce que tout y est bien ! Je vous parle volontiers de bonté, chères élèves, parce que vous en avez le plus grand besoin dans vos relations ; que les bonnes gens valent mieux que les gens d'esprit, et que réunir la bonté du cœur au charme de l'esprit est la perfection du mérite. Quand vous serez en état d'observer les personnes avec lesquelles vous aurez à vivre, vous verrez que celles qui sont réellement bonnes sont aussi celles dont l'égalité du caractère, la justesse et la solidité du jugement, la sensibilité la plus vraie, se font remarquer dans leurs discours, leurs écrits, leurs habitudes, celles qui font et feront toujours et par-tout les délices de la société.

Une des qualités les plus agréables qui

âmes pures, et qui par conséquent ne serviroit qu'à renforcer davantage les doux liens qui vous unissent, c'est la *bonne humeur*. Cette heureuse disposition, ou plutôt ce beau don de la nature, a quelque chose de plus calme que la joie. C'est une sorte de gaîté plus égale, plus uniforme, plus constante; la personne qui la possède est la même intérieurement, soit qu'elle se trouve seule ou en compagnie, soit qu'elle jouisse des biens de la fortune, ou qu'elle éprouve la pointe du malheur. Comme cette personne plaît à toutes celles qui l'approchent! Avec quelle facilité sa bonne humeur passe dans l'âme de ceux qui l'écoutent! quel adoucissement secret sa présence répand sur les cœurs que le chagrin ou l'ennui flétrit! Jeunes élèves, quand on est née mélancolique et sombre, il est très-difficile de se donner une semblable sérénité; mais à moins que les malheurs ou les vices n'aient altéré nos penchans, nous pouvons, jusqu'à un certain point, la montrer aux autres; et vous nous inspireriez de vives alarmes sur votre destinée, si, à votre âge, une humeur triste et farouche vous éloignoit des amusemens simples et innocens.

Mais, quand tout le monde ne pourroit pas avoir cette gaîté douce, même parmi les personnes qui ont un caractère prévenant, ce sentiment de *bienveillance* que Dieu mit dans l'ame de tous les hommes, et par lequel nous sommes portés à nous vouloir du bien les uns aux autres, quelle est celle de vous qui ne l'éprouveroit pas ? Il n'est personne qui n'ait dans le cœur des semences toujours prêtes à éclore en faveur de ses semblables, dès qu'un intérêt supérieur ne s'y oppose point; et, s'il étoit quelqu'un qui n'eût pas reçu de la nature ces précieux germes d'humanité, ce seroit un défaut de conformation semblable à celui qui rend certaines oreilles insensibles à la douceur de la mélodie. Pourquoi ces pleurs que nous versons sur des héros malheureux? Avec quelle joie les arracherions-nous à l'infortune qui les poursuit! Leur sommes-nous donc attachés par les liens du sang et de l'amitié? Non, mais ce sont des hommes, et des hommes vertueux. Il n'en faut pas davantage pour que le germe de bienveillance que nous portons en nous, se développe en leur faveur. On demandoit à Madame de Montausier, qui visitoit fréquemment les hôpitaux, comment elle pouvoit supporter le spectacle de tant de douleurs: C'est, dit-elle, parce que je les soulage. Et quand on sent cette bienveillance pour ses semblables, comment n'aimeroit-on pas à leur faire du bien? C'est violer le pacte social, c'est être injuste, que de négliger ou de refuser d'être bienfaisant, quand on le peut, envers les êtres avec lesquels on vit en société. Tout est échange parmi les humains. La bienfaisance est le moyen le plus sûr d'enchaîner les cœurs; elle est payée par la reconnoissance de ceux qui en éprouvent les effets; et dût-on n'en tirer que de l'ingratitude, on jouiroit encore d'une récompense bien précieuse, le plaisir attaché nécessairement à une bonne action. Faisons servir tant qu'il nous plaira nos biens à nos caprices, dit Masillon, nous n'en ferons jamais un usage qui nous laisse une joie plus pure qu'en soulageant les malheureux. Le bien qu'on fait, avoit dit Fénélon, n'est jamais perdu; si les hommes l'oublient, Dieu s'en souvient, et il le récompense. Un pauvre officier réformé parvient jusqu'au jeune duc de Berry, petit-fils de Louis XIV, et lui expose ses besoins. Le prince répond qu'il est bien fâché de ne pouvoir sur-le-champ venir à son secours, mais que le lendemain il lui sera possible de soulager son infortune. L'officier

ficier revient le lendemain; le jeune duc accourt à lui, glisse dans sa main une bourse de 30 louis, et le soir n'ayant plus d'argent, il s'excuse avec une aimable pudeur de ne pouvoir faire la partie des princes.

Que ce plaisir si touchant devienne donc votre occupation la plus chère, car quelque petit que soit le cercle où vous êtes circonscrites, vous aurez toujours assez d'occasions de le goûter. Des voleurs entrèrent dans un village et ne laissèrent la vie qu'à deux hommes. L'un étoit aveugle, l'autre paralytique. L'aveugle chargea le paralytique sur ses épaules; le paralytique indiqua le chemin à l'aveugle; et tous deux gagnèrent un asyle. Que de services vous pouvez vous rendre mutuellement! Combien seroit personnelle ou peu attentive celle qui ne trouveroit aucun bien à faire à ses sœurs! N'y en a-t-il point parmi vous, qui aient une santé plus délicate, un caractère plus timide, un âge plus tendre, et qui, par conséquent, aient quelquefois besoin de protection, de soins, d'encouragement? Eh bien! montrez-vous compâtissantes, officieuses, secourables envers elles; enhardissez les timides, protégez les foibles, soignez les malades; prouvez à toutes que vous voulez partager leurs peines, et leur faire partager vos plaisirs. Nous connoissons une maison où l'on confie les plus jeunes aux plus sages, et où cette surveillance fraternelle a de très heureux résultats. Ne composez-vous pas ici la même famille? Tout ne doit-il pas vous être commun? Quelle est celle de vous qui voudroit jouir seule des dons qu'elle recevroit ou de ses parens ou de ses amis? Malheur à l'élève qui sortiroit de cette maison avec la réputation de n'être bonne qu'à soi-même et n'emporteroit pas les regrets de celles dont elle seroit obligée de se séparer! Son nomme rappelleroit que d'odieux souvnirs ; et le monde où elle se trouveroit, tôt ou tard instruit de sa dureté pour ses compagnes, ne croiroit pas possible qu'elle eût d'autres sentimens pour ses parens. Au second triumvirat, dit un auteur, les trois assassins, maîtres de Rome, avides d'or, après avoir répandu le sang, et ayant apparemment épuisé toutes les formules du brigandage et toutes les manières de piller, s'avisèrent de taxer les femmes. Ils leur imposèrent par tête une très-forte contribution. Les femmes cherchèrent un orateur pour les défendre et n'en purent trouver. Personne n'est tenté d'avoir raison contre ceux qui proscrivent. La fille du célèbre Hortensius se présenta seule ; elle fit revivre les talens de son père, et défendit avec intrépidité la cause des femmes et la sienne. Les tyrans rougirent, et révoquèrent leurs ordres ; Hortensia fut reconduite en triomphe, et une femme eut la gloire d'avoir donné dans le même jour un exemple de courage aux hommes, un modèle d'éloquence aux femmes, et une leçon d'humanité aux tyrans.

Ne négligez donc jamais, ou plutôt cherchez sans cesse l'occasion de vous obliger, de vous être utiles, de vous faire valoir réciproquement. Qu'il est beau de s'oublier pour ne s'occuper, pour n'occuper les autres que de ses amies! Quelle jouissance pour une jeune personne sensible et généreuse quand, au lieu de chercher à briller elle-même, elle a pu réussir à faire briller quelqu'une de ses sœurs! C'est par une conduite aussi conforme aux lois de l'amitié, qu'on acquiert l'estime de tout ce qui nous environne, et qu'au lieu de s'attirer de vains éloges, on obtient des suffrages universels.

Souvenez-vous, au reste, que si chaque personne a sa manière d'obliger, la seule qui soit méritoire et satisfaisante est celle qui est désintéressée, et que le véritable bienfaiteur est celui qui oublie le bienfait. La personne sans prétention qui oblige son semblable, dit Marc-Aurèle, peut se comparer à ce coursier qui, tout harrassé de la longue route que vient de lui faire faire son maître, se repose sans penser au service qu'il lui a rendu; à ce braque fidèle qui, au retour d'une pénible chasse, a déjà oublié toutes ses fatigues; enfin, à cette diligente et laborieuse abeille qui, après avoir pompé le suc des fleurs, rentre dans la ruche, chargée de son butin, en compose son nectar, et ne s'en ressouvient que pour en produire encore.

Balzac ayant envoyé demander à Voiture quatre cents écus à emprunter, celui-ci prêta galamment la somme; et prenant le billet de son ami, il écrivit au bas : Je soussigné confesse devoir à M. Balzac la somme de huit cents écus, pour le plaisir qu'il m'a fait de m'en emprunter quatre cents.

Une qualité qu'il n'est pas glorieux

de posséder, mais qu'il est honteux de ne point avoir, c'est la *politesse*, c'est-à-dire l'habitude de montrer aux personnes avec lesquelles nous avons à vivre, les manières et les sentimens que nous leur devons. Ce que la politesse impose de devoirs dans le monde, vous l'apprendrez un jour en le fréquentant. Il n'est pas nécessaire que vous sachiez exactement aujourd'hui ce qu'il exige en vertu des conventions et des usages; votre propre expérience vous instruira plus à cet égard, que tous nos discours. Mais ce qu'il est important que vous connoissiez, et sur-tout que vous pratiquiez les unes vis-à-vis des autres, ce sont ces attentions obligeantes qui, à la place de tout ce que l'indifférence a de peu honnête, mettent tout ce que le sentiment a de délicat. Sans cette politesse de l'ame, plus d'amis, plus de paix, plus de bonheur. Une basse familiarité domine où des communications décentes devoient régner; une grosse et lourde gaîté s'épanouit où les ris ingénieux et doux avoient seuls le droit de paroître, et les amusemens ne sont plus que du bruit. L'amitié même, sans la politesse, finit par dégénérer. Ce sentiment, comme une fleur délicate, se flétrit, si on cesse de le cultiver. La dignité qui caractérise l'union des ames saines, ne leur permet pas de négliger les formes conservatrices; et les sociétés où l'on méprise ces formes sont bien moins des assemblées que des rassemblemens.

Ainsi, jeunes élèves, que dans votre langage, vos procédés, et jusque dans vos amusemens, la politesse soit respectée, si vous voulez vivre dans une douce intelligence, et vous livrer à d'aimables épanchemens. Traitez-vous toujours les unes les autres, comme si vous étiez sous des yeux à qui vous devez d'indispensables égards. Que les plus avancées donnent aux plus jeunes l'exemple de la prévenance, de l'empressement, de l'aménité. Ne vous permettez jamais ces clameurs, ces querelles, ces emportemens, qui sentent moins la liberté des récréations que la licence des cohues; et n'oubliez jamais que les personnes avec lesquelles nous n'avons pas un commerce suivi, jugent toujours de de nos mœurs par nos manières.

Pour ne vous trouver jamais en défaut sur cette politesse si nécessaire, il est un moyen bien infaillible; et quel est-il? Dominer ses penchans, modérer ses désirs, exercer un empire continuel sur soi-même: voilà le secret. Quelque douces, quelque aimables que soient les personnes à qui nos devoirs nous lient, il est impossible que nous ne rencontrions pas de temps en temps en elles des choses qui nous contrarient, ou nous blessent; et souvent, par cela seul qu'elles nous voient du même œil que nous les voyons. Si, dans ces occasions que chaque jour ramène, nous ne savons pas nous contenir; si nous laissons paroître sur notre visage les mouvemens involontaires qui agitent notre cœur; si nous nous répandons en murmures, en plaintes, en vivacités, comment éviterons-nous et les dissensions, et les reproches, et les ruptures? Qui ne craindra d'avoir à vivre avec quelqu'un qui n'est pas plus maître de soi?

La *douceur!* jeunes élèves, la douceur! voilà la première, la plus essentielle qualité qu'il vous importe d'acquérir et de fortifier dans votre ame, parce que, sans elle, il est impossible que vous conserviez long-temps avec vos compagnes la même égalité dans vos relations. La parole douce, dit un sage, acquiert beaucoup d'amis et adoucit les ennemis. Mon fils, ajoute-t-il, montrez de la douceur dans tout ce que vous faites, et vous serez plus aimé que si vous faisiez les actions les plus éclatantes.

Le ciel ne vous fit point insinuantes et persuasives pour devenir acariâtres; il ne vous fit point foibles pour être impérieuses; il ne vous donna point une voix si douce pour dire des injures; il ne vous fit point des traits si délicats pour les défigurer par la colère; et quand vous vous fâchez, vous vous dégradez. Gardez donc chacune le ton de votre sexe. Soyez douces si vous voulez être heureuses; ne vous irritez, ne vous emportez, ne grondez jamais. Faites pour obéir un jour à un être aussi imparfait que l'homme, souvent si plein de vices, et toujours si plein de défauts; que deviendriez-vous alors, si, dès à présent, avec vos compagnes, vous n'appreniez pas à supporter les injustices sans vous plaindre; si l'opiniâtreté, que trop souvent on ennoblit du beau nom de caractère, altéroit votre figure, et se montroit dans vos procédés?

Deux sentinelles qui étoient en faction à l'entrée de la tente d'Antigone, roi d'Asie, tenoient de ces discours qu'on se permet avec tant de plaisir, mais aussi avec tant de danger, lorsqu'on est mécontent de celui qui gouverne. Antigone ayant tout entendu, n'étant séparé d'eux que par une tapisserie, se lève doucement, et leur dit : *Eloignez-vous un peu, de peur que le roi ne vous entende.* Une autre nuit, il entend quelques soldats vomir mille imprécations contre lui, à cause du chemin fangeux par lequel il les fait passer. Il approche de ceux qui étoient les plus embourbés, les aide à se débarrasser sans qu'ils sachent à qui ils ont cette obligation, et leur dit en les quittant : *A présent, maudissez tant que vous voudrez Antigone pour vous avoir conduit dans le bourbier, mais sachez gré à celui qui vous en a tirés.* Imitons, s'écrie Sénèque, imitons ces exemples de douceur et de modération, donnés par un homme qui ne manquoit ni de raisons de se mettre en colère, ni de pouvoir pour se venger.

Je sais que les imaginations vives, les esprits impétueux, les cœurs irascibles, trouvent dans leur tempérament de grands obstacles à la douceur. Mais la vertu ne nous est-elle pas donnée pour dompter notre caractère? Et ce que l'ambition de parvenir à la fortune fait faire dans le monde à tant d'ames vénales, l'ambition de plaire à nos semblables ne le feroit-elle pas pratiquer aux cœurs délicats? François de Sales, né avec un caractère violent, est vivement insulté par un homme qui, prenant la modération de l'offensé pour un mépris, redouble de fureur, et pousse l'insolence jusqu'aux derniers outrages. Le furieux s'étant retiré, on demande à François de Sales comment il avoit eu la force de souffrir tant d'indignités: « Nous avons, répond-il, fait un pacte inviolable, ma langue et moi, et nous sommes convenus, que pendant que mon cœur seroit dans l'émotion, ma bouche garderoit le silence ». Jeunes élèves, qui auriez un caractère porté à la violence, imitez cet aimable prélat. Une fille doit s'observer sans cesse, lorsque la nature ne lui a point accordé les qualités douces qu'on a droit d'attendre d'un sexe aussi dépendant ; sous peine d'être punie par l'animadversion de ceux qui l'entourent, elle doit travailler à les acquérir. La vie sociale exige d'elle qu'elle écarte de ses discours, de ses manières, de ses actions, tout ce qui peut indisposer des êtres raisonnables ; celle qui seroit trop altière pour plier son caractère à cette loi, n'a qu'à vivre seule : elle n'est pas faite pour vivre en société.

Au risque de répéter ici quelques unes des réflexions que nous avons déjà faites, ajoutons ce qu'a écrit un auteur estimable, sur ce sujet important; « Parmi les vertus sociales, dit-il, il y en a d'autres qu'on peut appeler plus proprement des vertus de société, parce qu'elles en sont l'agrément et le lien. Leur usage est de tous les instans : elles sont, dans la vie ordinaire, ce qu'est la monnoie courante en fait de commerce; telle est cette douceur qui rend le caractère plus souple, et donne aux manières un charme qui attire; l'indulgence qui pardonne les défauts, lors même qu'on n'a pas besoin de pardon pour soi; l'art de ne point voir les foiblesses qui se montrent, et de garder le secret à celles qui se cachent; l'art de déguiser ses propres avantages, quand ils humilient ceux qui ne les ont pas; l'art de ne tyranniser ni les volontés, ni les désirs, et de ne point abuser de la foiblesse même qui, en obéissant, s'indigne; et la complaisance qui adopte les idées qu'elle n'a point eues; et la prévenance qui devine les craintes et encourage les pensées; et la franchise qui inspire une si douce confiance; et toute cette politesse enfin qui peut-être n'est pas la vertu, mais qui en est quelquefois l'heureux mensonge; qui donne des règles à l'amour-propre, et fait que l'orgueil à chaque instant passe à côté de l'orgueil sans le heurter ».

Après vous avoir exposé des principes, je pourrois vous offrir des exemples; et ces exemples je n'aurois pas à les chercher loin de vous. Mais en finissant, permettez-moi de vous citer une femme dont la mémoire est encore en bénédiction dans la maison où elle fut élevée, et qui élève aujourd'hui elle-même la famille que la providence a daigné lui donner. La jeune Louise, née dans une de ces contrées où les habitans joignent la vivacité de l'esprit à la franchise du cœur, fut confiée dès l'âge de six ans, à une institutrice dont les talens et l'expérience avoient toujours eu les plus grands succès. L'élève ne tarda pas à montrer du goût pour les talens aimables, et sur-tout beaucoup d'adresse pour les ouvrages qu'il est si nécessaire d'apprendre, quand on doit avoir une famille à gouverner. Mais, ce qui la distingua parmi ses compagnes, ce furent les qualités vraiment sociales qu'elle montra pendant les années que dura son éducation. La douceur, à laquelle les caractères les plus emportés ne résistent point; l'indulgence, qui pense si favorablement de ses semblables, et si modestement de soi; la tolérance, qui ne se mêle ni des opinions, ni des erreurs, ni des préjugés des personnes dont nous ne sommes point chargés; le zèle, qui éclaire, persuade, corrige même sans humilier; la complaisance, qui est toujours prête à faire ce que veulent les autres, quand ce que veulent les autres n'est pas contraire à notre devoir; la bienfaisance, qui croit avoir perdu la journée, si, pendant la journée, elle n'a soulagé aucun malheureux; l'amitié, qui songe plus à faire briller ses compagnes qu'à briller soi-même; la politesse, qui ne néglige aucun des devoirs que l'urbanité, la décence, et l'usage, ont prescrits. Louise acquit ces qualités à un tel point, qu'il étoit aussi impossible de la voir sans l'aimer, qu'il lui étoit impossible de se montrer sans paroître aimable.

Aussi, quelle tendre affection son institutrice avoit pour elle! Comme ses compagnes la chérissoient! Un jour, volant au secours d'une enfant prête à tomber dans un fossé, elle y tomba elle-même, et se blessa dangereusement. Les soins que chacune s'empressa de lui rendre furent si touchans, qu'elle dit, dans la simplicité de son ame : *Je regarde comme un bonheur l'accident qui m'est arrivé ;* et qu'en parlant aujourd'hui de tout ce qu'on fit alors pour elle, des larmes s'échappent encore de ses yeux. Quels autres fruits recueillit-elle d'une conduite si pleine de vertus ? que pendant tout le temps qu'elle vécut avec ses compagnes, elle n'eut pas avec elles la plus légère altercation ; que toutes la choisirent constamment pour leur juge dans leur démêlés ; que jamais aucune d'elles n'osa diriger contre sa conduite une imputation calomnieuse ; et que le jour qu'elle fut obligée de s'en séparer, fut marqué par un deuil universel.

Puissiez-vous toutes, jeunes élèves, imiter Louise dans ses vertus aimables, et parvenir au même bonheur ! Estimée de son époux, adorée de sa famille, chérie de tous ceux qui la connoissent, elle jouit aujourd'hui de la réputation que mérite une vie pleine de bonnes actions, et voit sous ses yeux croître deux enfans, que ses soins rendent dignes de la plus respectable des mères.

DISCOURS

SUR LA MANIÈRE DONT LES JEUNES PERSONNES DOIVENT SE CONDUIRE DANS LA MAISON PATERNELLE.

> Faites en sorte que votre père et votre mère se réjouissent de vous revoir dans la maison.
>
> MORALISTES ANCIENS.

Avec quel intérêt, jeunes élèves, nous préparons les instructions que nous devons vous faire ; et qu'il est consolant de pouvoir nous dire que vous profitez de celles que nous vous faisons ! Quand nous vous annoncions que l'étude de la morale est le chemin du bonheur, n'avions-nous pas raison d'ajouter que bientôt vous en feriez la douce expérience ? Puissent des commencemens aussi heureux nous être un sûr garant de succès plus heureux encore ! Puissiez-vous être convaincues que la vertu seule conduit à la félicité! L'esprit, la figure, les talens vous rendroient peut-être aimables aux yeux des personnes qui se laissent séduire par un vain éclat; si vous voulez plaire à des juges plus éclairés, il faut que vous acquériez des qualités plus solides, car ces juges n'estiment que le mérite réel.

Mais comment parviendrez-vous à ce vrai mérite, vous qui savez déjà que tout le reste est le partage de la frivolité? Ce sera en donnant à votre conduite une dignité qui annonce que le principe en est invariable, et que vous voulez-être, en toutes circonstances, ce que vous paroissez être sous les yeux de vos surveillans. Sans cette suite d'actions, de précautions, et de réserve, il n'est point de véritables vertus; on n'est pas même ce que fait paroître l'intérêt du moment. Si ce n'est pas hypocrisie, c'est vanité. Dès que la contrainte a cessé, le caractère se montre, et l'on réparoît avec ses défauts.

Placées dans cette maison respectable pour tout le temps que durera votre éducation, vous en sortez quelquefois, appelées par la tendresse au sein de vos familles; c'est une des plus douces récompenses que vous puissiez obtenir de votre exactitude à remplir vos devoirs; mais libres alors du joug de la surveillance accoutumée, n'oubliez-vous point les règles salutaires dont on vous recommande ici l'observation, et ne vous permettez-vous rien de contraire à la bonne opinion que votre institutrice a pu donner de votre sagesse? Vous vous formeriez de vos obligations une idée bien fausse, si vous pensiez que, loin des personnes à qui vous êtes confiées, vous n'êtes plus obligées à la même fidélité. Ce n'est pas assez que vous montriez ici du zèle pour l'accomplissement de tout ce qui vous est prescrit, il faut que, lorsque vous paroissez dans la maison paternelle, ce zèle n'éprouve aucune altération, et que les devoirs particuliers qui vous y sont imposés trouvent en vous, pour les remplir, un courage qui surmonte tous les obstacles ; c'est le sujet de ce nouvel entretien.

Antiphane disoit qu'il y avoit une ville où les paroles saisies par le froid se convertissoient en glace aussitôt qu'elles étoient prononcées ; qu'ensuite la chaleur venant à les fondre, on entendoit l'été ce qui avoit été dit pendant l'hiver. En appliquant aux disciples de Platon ce badinage ingénieux, il ajoutoit que les leçons que ce philosophe leur donnoit pendant leur jeunesse, n'étoient entendues de la plupart d'entr'eux que dans l'âge mûr.

L'intérêt que vous nous inspirez ne nous permet pas de craindre pour nos paroles le sort de celles qui se prononçoient dans la ville dont parle Antiphane, et, dès à présent, vous entendez les leçons que nous vous faisons. Puissent nos discours continuer à fructifier dans vos cœurs, comme une semence bien pure dans une terre bien préparée, et nous mériter un jour la satisfaction inexprimable d'avoir contribué à votre bonheur en concourant à votre éducation!

Comment devez-vous donc vous conduire dans votre famille, au milieu des parens estimables que vous chérissez si tendrement? Je ne vous répéterai point en ce moment tout ce que nous vous dîmes, presqu'à l'ouverture de ce cours, sur l'attachement, le respect, la reconnoissance que sont en droit d'attendre de vous ceux de qui vous tenez la vie; je suis bien convaincu que vous ne l'avez pas oublié: mais l'ordre, la propreté, la sobriété, la docilité, vertus si nécessaires à votre sexe, dans quelque lieu que vous habitiez, ne vous sont-elles pas plus nécessaires encore dans la maison

DE MORALE. 217

son paternelle? C'est-là qu'il est d'autant plus urgent de montrer en vous ces qualités aimables, que vous êtes plus souvent exposées à y contracter les défauts qui leur sont opposés.

I. Quoiqu'on se plaise beaucoup dans la maison de son institutrice, et qu'on soit tendrement attachée à ses compagnes, on ne voit pas approcher, sans beaucoup de joie, l'instant où l'on doit se rendre dans sa famille, et cet empressement est bien naturel. Mais qu'arrive-t-il? Du jour où l'on y est parvenue, on reprend ses premières habitudes, on se montre avec ses anciens défauts; au lieu d'être là ce qu'on est ici, on retombe à peu près dans les mêmes fautes, et l'on se dédommage, par une liberté illimitée, de la gêne qu'exige le sérieux d'une maison d'éducation.

Est-ce dans cette seule maison que

vous seriez obligées de tenir à un certain ordre de choses? Penseriez-vous que de l'instant où vous vous retrouvez sous le toit paternel, vous n'êtes plus tenues à l'étude sérieuse de vos leçons, à la sage distribution de votre temps, à la juste mesure de vos démarches? Non, vous êtes trop sensées pour tomber dans une semblable erreur; vous savez que c'est au contraire pour vous accoutumer à la règle, que vos parens se sont décidés à vous placer dans une maison où tout assujettit à ce devoir indispensable, et que vous répondriez fort mal à leur attente, si, au lieu d'en apporter le goût à la maison paternelle, vous cessiez alors de l'observer avec fidélité.

Aussi, nous aimons à croire qu'il n'est aucune de vous, quelque foiblesse que ses parens aient pour elle, qui, pendant les jours qu'elle passe dans sa famille, ne se montre exacte à l'ordre qu'on lui recommande si fort dans cette maison

Toutes y font un utile emploi des heures destinées au travail; jamais d'oisiveté, de nonchalance, de serieuse occupation à des riens. On aide, on supplée, s'il est possible, sa mère, dans les soins domestiques dont elle est chargée; on est toujours prête à rendre à son père, à ses sœurs, à ses jeunes frères, tous les services qui dépendent du zèle et de l'attachement. Les jeux, les frivolités, la toilette, n'absorbent pas un temps précieux; les plaisirs même ont le caractère de décence qui convient à un sexe aussi délicat. Les journées ne s'écoulent pas sans qu'on puisse se rendre le soir un compte satisfaisant des actions qui les ont remplies; et, quand on revient, brebis fidèle, se ranger sous la houlette de son institutrice, on n'a pas à se reprocher d'avoir oublié ses sages conseils. Eh! quand il n'y auroit d'autre motif d'observer cet ordre d'occupations dans la maison paternelle, que la nécessité de n'y pas perdre de vue les élémens des sciences que des maîtres habiles prennent tant de soin de vous enseigner ici, ne seriez-vous pas bien coupables si vous négligiez d'y conformer votre conduite? Ne seroit-ce pas vouloir tout détruire, que de vouloir ainsi tout abandonner? Que s'ensuivroit-il donc du paresseux désordre auquel vous n'auriez pas honte de vous livrer? Que vous oublieriez en peu de jours ce que vous n'auriez appris qu'avec beaucoup de temps et de peines, et qu'à force de réitérer ces pertes, vous anéantiriez votre éducation.

II. Mais ce n'est pas seulement de l'activité, de l'application et de l'ordre qu'il faut que vous montriez chez vos parens; une qualité dont rien ne peut vous y dispenser, c'est l'amour de la propreté extérieure, habitude aimable, fondée sur la juste crainte d'offrir aux yeux des autres des objets capables de leur inspirer du degoût. Ici, l'œil de votre amie, l'exemple de vos compagnes, la nécessité de la règle, vous rendent attentives à cet égard; mais dans la maison paternelle êtes-vous soumises à une inspection aussi sévère? N'est-il pas à craindre qu'y reprenant vos anciennes habitudes, vous ne vous y laissiez entraîner aux mêmes abus?

Cependant, la propreté, dit Bâcon, est à l'égard du corps ce qu'est la décence dans les mœurs; elle sert à témoigner le respect qu'on a pour la société et pour soi-même. Cependant, politesse, économie, désir de plaire, santé, vertu, tout fait une loi aux hommes de la propreté extérieure; jugez combien, quand il s'agit des femmes, cette loi devient d'un intérêt plus pressant. Entre les devoirs de la femme, dit un écrivain moderne, un des premiers est la propreté; devoir spécial, indispensable, imposé par la nature; il n'y a pas au monde un objet plus dégoûtant qu'une femme malpropre, et le mari qui s'en dégoûte n'a jamais tort. Aussi cet Auteur veut qu'on prêche si souvent cette obligation aux filles, dès leur enfance, qu'on en exige tant de propreté sur leur personne, soit pour leurs habits, soit pour leur appartement, soit pour leur travail, soit pour leur toilette, que toutes ces attentions tournées en habtiude ne leur permettent pas même un oubli. Ces attentions, je le sais bien, ne doivent pas dégénérer en vaine affectation ni en mollesse, et les raffinemens du luxe n'y doivent entrer pour rien : jamais une fille bien élevée n'adoptera pour sa toilette que de l'eau simple, et ne connoîtra d'autre parfum que celui des fleurs; jamais l'attention qu'elle donne à l'extérieur ne lui fera oublier qu'elle doit son temps à des soins plus nobles; mais toujours elle se souviendra que l'excès contraire a les plus graves inconvéniens.

Madame de Lambert, qui a donné des avis si sages à sa fille, s'est contentée de dire, en parlant de la propreté, qu'elle est un *agrément et qu'elle tient sa place dans l'ordre des choses gracieuses.* Si elle avoit dit que la propreté est *un devoir,* et qu'elle tient son rang *dans l'ordre des choses nécessaires,* elle se seroit exprimée avec plus de vérité et de précision. Quoi qu'il en soit, un extérieur mal propre annonce un défaut d'ordre dans l'esprit, de sentiment dans le cœur. Il est difficile, pour ne pas dire impossible, qu'une femme qui n'est point sévère sur la décence, soit bien exacte sur les mœurs. Comme les personnes dont nous ne sommes pas connus ne nous jugent que sur les dehors, on peut être certain que, si nous paroissons devant elles sous des vêtemens déchirés ou sales, elles en tireront des conséquences funestes à nos intérêts. Quand même nous nous montrerions dans d'autres circonstances sous la parure la plus recherchée, on sait quelle est notre habitude à cet égard ; on est intimement persuadé que nous n'avons nul soin, nulle dignité, nulle délicatesse; et il n'existe pas d'homme prudent qui voulût d'une jeune personne qui porteroit à un certain point ce honteux défaut.

Et qu'on ne dise pas que c'est la faute des gouvernantes, quand de jeunes personnes se montrent sous un extérieur aussi négligé. Ce qu'une fille doit avant tout apprendre et savoir, ne sont-ce pas les travaux de son sexe, c'est-à-dire l'art de soigner, d'entretenir, de réparer ses habillemens? Les tailler même, les coudre, leur donner de la grace, n'est-ce pas un soin dont elle devroit se charger? et tout ce qui a rapport à sa toilette doit-il passer par d'autres mains que les siennes? Ce n'est pas qu'il faille se livrer à l'amour de la parure; quoiqu'on puisse briller par les ajustemens, on ne plaît que par la personne; nos habits ne sont point nous; et souvent ils déparent, à force d'être recherchés. Mais, pour éviter cet inconvénient, est-il nécessaire de tomber dans un autre? N'est-il pas toujours important pour une jeune personne de s'appliquer tellement aux ouvrages dont je parle, qu'il n'y en ait pas un seul qu'elle ne soit en état d'exécuter? Quand elle paroîtra dans la maison paternelle, elle n'unira pas, ainsi que le font tant d'autres, la recherche à la malpropreté; et elle se souviendra que les vêtemens les plus simples, quand ils sont frais, forment la plus élégante parure.

III. Après le dérangement et la malpropreté, qu'on ose quelquefois porter dans la maison paternelle, oserai-je vous parler de la gourmandise, que tout, dans les jours qu'on s'y montre, contribue à y exciter? Pour vous garantir d'un vice que personne ne se reproche dans le monde, et qui, cependant aux yeux du sage, avilit ceux qui n'ont pas honte de s'y livrer; je pourrois vous dire que tout ce qui nuit à la santé, tout ce qui trouble les facultés intellectuelles ou la raison de l'homme, tout ce qui le rend nuisible soit à lui-même, soit aux autres, doit être réputé criminel; que la morale voit dans l'homme intempérant un coupable dont l'esprit, absorbé par une passion brutale, ne songe qu'aux moyens de la contenter; que les Romains succombèrent sous le poids de leur grandeur, quand la tempérance tomba dans le mépris, et qu'on vit succéder à la frugalité des Fabrices la sensualité des Apicius; que l'un de ces derniers, tenant école de son art, y dépensa cinq millions, et se jugeant ruiné parce qu'il ne lui restoit que cinq cent mille livres, il s'empoisonna, craignant de mourir de faim avec si peu de revenus; que dans ce temps-là, Rome nourrissoit des gourmets qui prétendoient avoir le palais assez fin pour discerner si le poisson appelé *loup marin* avoit étoit pris dans le Tibre entre les deux ponts, ou près de l'embouchure de ce fleuve ; enfin, que les suites de ce vice sont si cruelles, que ceux qui s'y livrent s'exposent à éprouver les maux les plus cuisans. Est-ce à vous, à votre âge, d'après votre éducation, qu'il faut tenir un pareil langage ? Jamais vous n'aurez à vous reprocher de pareils excès.

Mais le goût des mets ordinairement si recherchés des jeunes personnes n'entraîne-t-il aucun risque, et n'est-il pas essentiel qu'on vous mette en garde contre les abus qui peuvent en résulter ? Ne faut-il pas qu'on vous dise que la délicatesse qui nous rend difficiles sur le choix des alimens ordinaires, et nous empêche de manger indistinctement de tous, doit être sévèrement réprimée ? N'est-il pas nécessaire que vous sachiez que cette sensualité dans la recherche de tout ce qui nous plaît, cette avarice, qui réserve pour elle seule les friandises qu'elle aime, nous rendent méprisables aux yeux même de ceux qui seroient tentés de nous excuser? Voyez ces jeunes personnes qui, oubliant combien il existe de malheureux, ne rougissent point de dépenser en dragées, en gâteaux, en fruits, les petites sommes qu'elles reçoivent de leurs familles ; et, pour contenter une basse gourmandise, se mettent dans l'impossibilité de faire une bonne action. Est-il possible de caractériser un égoïsme aussi odieux, une dureté aussi humiliante? Et qui croiroit qu'on rencontre souvent des demoiselles de votre âge, à qui l'on auroit à les reprocher? Nous connoissons une femme respectable qui, dès sa tendre jeunesse, pour ne pas succomber à la tentation de préférer ses goûts à son devoir, renfermoit pour l'indigence, dans une boite difficile à ouvrir, tout l'argent que ses parens accordoient à sa bonne conduite, et avouoit naïvement qu'elle ne connoissoit pas de *plus douce friandise* que celle de secourir les infortunés. Voilà des exemples qu'il faut imiter, des résolutions qu'il faut prendre, et surtout dans la situation où vous vous trouvez.

Car il n'en est pas des filles comme des garçons qu'on peut, jusqu'à un certain point, gouverner par la gourmandise; ce penchant n'est pas sans conséquence pour elles; il est trop dangereux de le leur laisser. La sensualité, qui nous porte à dévorer des yeux les mets que nous ne pouvons nous procurer, et à user avidement de ceux qui sont en notre puissance, dégrade notre raison. Quand ce vice devient dominant, il ne faut que la présence de la chose aimée pour qu'il se montre, si j'ose dire, dans tous nos sens. Il ne reste alors d'autres moyens de s'en corriger, que la fréquence des sacrifices ; et c'est ainsi qu'à force d'être sobre par habitude, on le devient enfin par vertu.

Varron irrité contre un des Curtillus de son siècle, qui mettoit son application à combiner l'opposition, l'harmonie, et les proportions des différentes saveurs, pour faire de ce mélange un mets délicieux, dit à cet homme : « Si vous aviez employé à étudier la sagesse une partie du temps que vous avez perdu à rendre votre table excellente, vous vous seriez rendu vous-même excellent ».

Voilà pourquoi Homère ne couvre que de mets communs la table de ses héros, et n'excepte de cette règle, ni le temps des noces, ni les festins d'Alcinoüs, ni la vieillesse de Nestor, ni même les excès des audacieux qui poursuivoient Pénélope.

Il paroît qu'Agésilas, roi de Lacédémone, suivit constamment le précepte de ce grand homme; car sa table étoit la même que celle des capitaines grecs immortalisés dans l'Iliade; et comme un jour les Thasiens lui apportèrent en don des mets de grand prix, il les distribua sur-le-champ aux Ilotes, pour prouver aux Lacédémoniens que la simplicité de sa vie, semblable à celle des citoyens de Sparte, n'étoit point altérée.

Alexandre même profita de la leçon de son Poëte favori. Plutarque rapporte qu'Adda, reine de Candie, ayant obtenu la protection de ce prince contre Orondonbate, seigneur persan, crut pouvoir lui marquer sa reconnoissance en lui envoyant des mets exquis, et les meilleurs cuisiniers qu'elle put trouver. Mais Alexandre, en les renvoyant, lui répondit qu'il n'avoit aucun besoin de ces mets si délicats, et que Léonidas, son gouverneur, lui avoit autrefois donné de bien meilleurs cuisiniers, en lui recommandant la sobriété et l'exercice.

Ce n'est pas que le goût des alimens délicats soit, jusqu'à un certain point, interdit par la sagesse, et qu'on ne puisse, avec la modération qu'elle inspire, se livrer par fois à ce goût. Un riche fort ignorant, voyant manger quelques mets estimés à Descartes, lui dit : Comment ! les Philosophes se permettent de ces morceaux ? Eh ! pourquoi non, répondit le Philosophe, croyez-vous que la nature n'ait fait les bonnes choses que pour les sots ?... Mais par vanité, ou par gourmandise, être ou paroître délicats, rechercher les friandises avec empressement, est le défaut d'une ame commune; et si vous étiez assez malheureuses pour avoir été, sur ce point, jusqu'à présent mal élevées, il faudroit absolument revenir aux principes, et vous corriger.

IV. Enfin, il est un quatrième défaut, qu'il n'est que trop ordinaire de porter dans la maison paternelle; c'est *l'indocilité*.

La première injustice que font les jeunes filles aux maîtresses qui les élèvent est de les regarder comme des personnes qui, pour le seul plaisir de leur nuire, viennent troubler leurs jouissances, et mettre obstacle à leurs plaisirs. Plus les avis qu'on leur donne sont empressés, affectionnés, assidus, plus ils leur paroissent fâcheux. Ce n'est que tard qu'elles conçoivent ce qui leur est utile; elles n'aiment pas d'abord quiconque leur en fait des leçons. Aussi le motif qui porte ces jeunes filles à désirer les fréquentes sorties de la maison où elles sont élevées, est le prétendu bonheur de n'être plus sous l'inspection de celles qui prennent la peine de les élever ; lorsqu'elles ne sont plus sous cette inspection, elles ne veulent plus être corrigées ; et dès que l'autorité paternelle, la plus respectable de toutes, se permet à leur égard, quelques réprimandes, elles n'ont pas honte d'en témoigner ouvertement de l'humeur.

Je serois bien trompé si, parmi les jeunes personnes qui m'écoutent, il y en avoit une seule qui fût capable, je ne dis pas de trouver mauvais que ses parens la corrigeassent, mais d'opposer de la résistance aux corrections qu'elle en recevroit. S'il y en avoit pourtant qui, à cet égard, eussent quelque reproche à se faire, je leur dirois: Quoi ! jeunes élèves, vous croyez que loin de la maison où vous êtes soumises aux répréhensions de vos institutrices, vous n'êtes plus sujettes aux remontrances de vos parens? Mais, dans tous les temps, dans tous les lieux, dans toutes les occasions, un père et une mère n'ont-il pas le droit sacré, l'obligation indispensable, de réprimer vos défauts, de punir vos fautes? Et si, pendant les jours que vous passez auprès d'eux, votre conduite attire leur censure, faut-il s'en prendre à d'autres qu'à vous? N'est-ce pas quand vous reparoissez dans vos maisons, que vous devriez vous montrer, s'il se peut, et plus raisonnables, et plus soumises; alors que vous devriez être empressées de prouver à vos familles que vous profitez de votre éducation? Eh! quand donc vos parens jouiront-ils du fruit des sacrifices que leur impose leur tendresse pour vous, si ce n'est pas dans les intervalles où ils peuvent juger des progrès que vous faites? Quand leur témoignerez-vous votre reconnoissance, si ce n'est pas dans les momens où elle peut le plus flatter leur amour? Si vous chérissiez réellement cette institutrice, qui a tant de droits à votre affection, ne devriez-vous pas penser que c'est de vos succès auprès de vos parens qu'elle compose ses jouissances les plus douces, et que rien ne l'afflige comme d'apprendre que, dans vos familles, vous n'avez pas agi d'après ses leçons? On ne vous a placées dans la maison où vous êtes que pour y être instruites de la manière dont vous devrez vous comporter quand vous n'y serez plus; et vous donneriez sur votre conduite future de bien tristes alarmes à vos parens, si, les jours où vous reparoissez auprès d'eux, vous leur déplaisiez par votre conduite présente.

Voilà, jeunes élèves, ce que je dirois à celles qui, dans la maison paternelle, ne suivant que leurs caprices, souffriroient impatiemment qu'un père ou une mère réprimât leurs écarts. Mais en est-il quelqu'une ici qui osât penser que, libre alors de se livrer à ses désirs, elle a eu raison de témoigner de l'humeur, quand ses parens ont voulu redresser sa conduite? Ou, si jusqu'à présent elle étoit tombée dans une faute aussi grave, tarderoit-elle à s'en corriger?

On ne s'irrite point contre les premiers écarts; ils peuvent être le fruit de l'ignorance, de la légèreté, de l'inattention. C'est un enfant dont les pieds vacillent encore; on le soutient au lieu de le gronder. Mais s'écarter de son devoir après l'avoir connu, c'est montrer qu'on ne l'aime point ou qu'on s'en dégoûte, et qu'on se plaît dans le déréglement. Que peut-on attendre d'une jeune personne qui, plus d'une fois avertie de ses défauts, ne répond aux remontrances que par l'indocilité? Si elle s'obstine à marcher dans un chemin qui lui est interdit, elle ne le quittera pas, même lorsqu'elle sera plus âgée, et n'évitera sur-tout point le juste mépris que chacun témoigne à celles qui répondent si mal à l'intérêt qu'on veut bien leur montrer. Le jugement que la société porte d'une indocilité pareille est d'autant plus à craindre, qu'il n'y a point de vice qui puisse moins se cacher et qu'on cache moins. Quand il s'agit d'établir une demoiselle, toutes les personnes qui sont intéressées à connoître son caractère se souviennent ou s'informent des défauts qu'elle avoit à l'âge où vous vous trouvez. Dans cette situation critique, pour peu qu'elle néglige de s'observer dans sa conduite, ce sont des préventions dont on ne revient pas. La moindre apparence d'un défaut qu'on lui avoit connu devient une tache ineffaçable; et c'est d'autant plus malheureux, qu'il n'est plus temps alors de dissiper le nuage, et que la réputation influe sur le bonheur.

Loin donc de croire, jeunes élèves, que ce n'est qu'ici et par vos institutrices que vous devez être corrigées, sachez que, lorsque vous êtes dans vos familles, vos parens ont plus de droits encore de vous rappeler à vos devoirs. De tous les tourmens de la vie, le plus insupportable est celui de n'être pas ce qu'on doit être, et de ne pouvoir vivre en paix avec soi. Eh! quels désagrémens ne nous attirent pas nos défauts de la part des autres, dans les relations que nous sommes obligés d'avoir avec eux! Un des grands services que puissent vous rendre un père et une mère, lorsque vous paroissez dans vos maisons, est non seulement de vous reprocher les fautes dans lesquelles vous ne craignez pas de retomber en leur présence, mais de vous faire sentir combien il est cruel pour vous et pour eux, de ne pas profiter mieux de l'éducation qu'ils s'efforcent de vous donner. Votre premier devoir, quand ils s'acquittent du leur, est de joindre la docilité à la reconnoissance. Malheur aux jeunes personnes qui ne se conduiroient pas d'après ces principes éternels!

A présent, jeunes élèves, revenez un instant sur vous-mêmes, et examinez si, pendant les jours que vous avez passés auprès de vos parens, depuis qu'ils vous ont placées dans cette maison, vous n'avez aucun reproche à vous faire sur l'ordre, la propreté, la sobriété, la docilité qu'ils y attendent de vous. Nous ne demanderons pas à vos pères et mères quelle est la conduite que vous avez tenue dans ces occasions. Nous n'exigeons pas même que vous fassiez l'aveu de vos torts, dans le cas où vous en auriez eu de véritables; c'est à votre conscience seule que nous en appelons en ce moment. Mais soyez de bonne foi; ne vous dissimulez pas vos fautes, jugez-vous comme vous êtes jugées par celui qui sonde les cœurs. Si vous n'êtes coupables d'aucune d'aucune négligence relativement aux vertus que nous venons de vous recommander, nous vous en félicitons ; l'avantage de mieux faire encore sera pour vous la récompense d'avoir bien fait. On vous verra toujours plus fidèles aux devoirs que vous prescrit la sagesse; et ce sera la preuve la plus touchante que vous puissiez donner à votre institutrice de la reconnoissance que vous lui devez.

Si au contraire vous avez montré dans votre famille les défauts que nous venons de combattre, il faut en être vraiment fâchées, et vous corriger. Il faut que désormais ni vos parens, ni votre amie, ni nous, n'ayons à cet égard aucun reproche à vous faire, et que, pleines de repentir de vous être aussi mal comportées dans la maison paternelle, vous preniez la résolution bien ferme de vous mieux conduire lorsque vous y reparoîtrez. Eh! que de motifs vous engagent à ne pas manquer à des devoirs si essentiels ? Ne seriez-vous pas affligées qu'on dît de vous que tout ce que vous étalez ici de vertus n'est qu'hypocrisie, et que vous n'avez pas plutôt franchi l'enceinte qui vous enferme, que vous jetez au loin le manteau dont vous vous couvriez ? Quelle idée auroit-on de la maison où l'on vous a placées, si, lorsque vous en sortez pour passer quelques jours dans une autre, vous n'observiez ni règle, ni décence, ni sobriété, ni docilité? N'êtes-vous pas effrayées des conséquences qui pourroient en résulter? Vos parens, votre institutrice, votre bonheur, n'entreroient-ils pour rien dans vos démarches ? Seroit-il un jour vrai de dire qu'une des meilleures institutions de cette ville immense fut inutile pour vous ? Il s'en faut beaucoup, jeunes élèves, que nous doutions ainsi de vos progrès; et nous connoissons trop votre émulation, pour n'être pas intimement convaincus que les principes qui vous sont donnés ici par le plus sincère attachement, serviront par-tout de règle à votre conduite.

FIN DU PREMIER VOLUME.

TABLE DES DISCOURS

CONTENUS DANS CE VOLUME.

Dédicace. Page	v
Préface.	vij
Introduction.	xj
Discours sur la nécessité des instructions morales pour les jeunes personnes.	1
Discours sur les rapports des jeunes personnes avec la Divinité.	32
Discours sur les devoirs des jeunes personnes envers leurs parens.	66
Discours sur les devoirs des jeunes personnes envers celles qui concourent à leur éducation.	116
Discours sur les défauts que les jeunes personnes doivent éviter dans leur conduite envers leurs compagnes.	149
Discours sur les vertus que les jeunes personnes doivent pratiquer dans leurs relations avec leurs compagnes.	181
Discours sur la manière dont les jeunes personnes doivent se conduire dans la maison paternelle.	212

ERRATA

DU PREMIER VOLUME.

Page 41, ligne dernière, *et en étalant*; lisez : *et étaler*.

P. 62, lig. 3, *les enfreindre*; lisez : *s'y soustraire*.

P. 66, lig. 9, *avez formé*; lisez : *avez pris*.

P. 73, lig. 1, *a confiée*; lisez : *a confiées*.

Ibid, lig. 3, *admise*; lisez : *admises*.

P. 115, lig. 4, *y laisse*; lisez : *y forme*.

www.ingramcontent.com/pod-product-compliance
Lightning Source LLC
Chambersburg PA
CBHW050326170426
43200CB00009BA/1472